SOL, P

Y SO

VEINTE CUENTI

DE LA PRIMERA M

IEDRA

1BRAS

TAS MEXICANOS

TAD DEL SIGLO XX

SOL, PIEDRA Y SOMBRAS

VEINTE CUENTISTAS MEXICANOS DE LA PRIMERA MITAD DEL SIGLO XX

TEZONTLE

Primera edición en español (FCE), 2008
Primera reimpresión, 2008
Primera edición en inglés (FCE), 2008

Hernández, Jorge F. (ed.)
    Sol, piedra y sombras. Veinte cuentistas mexicanos de la
primera mitad del siglo XX / edición de Jorge F. Hernández
— México : FCE, 2008
    240 p. ; 21 × 14 cm — (Colec. Tezontle)
    Incluye semblanza de autores
    ISBN 978-968-16-8593-5 (empastada)
          978-968-16-8592-8 (rústica)

    I. Literatura Mexicana — Crítica e Interpretación 2. Litera-
tura Mexicana — Siglo XX I. Ser. II. t.

LC PQ7297   Dewey M863 H769s

Distribución mundial

Comentarios y sugerencias: editorial@fondodeculturaeconomica.com
www.fondodeculturaeconomica.com
Tel. (55) 5227 4672 Fax (55) 5227 4694

Empresa certificada ISO 9001: 2000

Favor de remitirse a la sección de "Créditos" al final del libro

Diseño de portada: Laura Esponda Aguilar

ISBN: 978-968-16-8593-5 (empastada)
ISBN: 978-968-16-8592-8 (rústica)

Impreso en México • *Printed in Mexico*

SOL, PIEDRA Y SOMBRAS

VEINTE CUENTISTAS MEXICANOS DE LA PRIMERA MITAD DEL SIGLO XX

Edición de

Jorge F. Hernández

FONDO DE CULTURA ECONÓMICA

Índice

Presentación

JORGE F. HERNÁNDEZ

Quizá sea la literatura el mejor lente para observar el alma de México y, de entre todos los géneros literarios, el cuento corto sea el vehículo preciso para mostrar escenas instantáneas, lugares específicos, palabras compartidas u olvidadas por los tiempos, pero sobre todo perfiles y semblanzas de mexicanos de carne y hueso, perfectamente creíbles o reconocibles —aun siendo tan sólo invenciones de tinta sobre papel— cuyas biografías son eternas precisamente porque son leídas.

Hablo de un paisaje de *Sol, piedra y sombras*, un horizonte *en* historias, tanto de las tramas y los personajes, de los escenarios y sus desenlaces, como también de los autores que se reflejan y refractan en los párrafos que han escrito. De los otros géneros que ramifican a la literatura, tanto la novela como el ensayo, la poesía e incluso el teatro podrían intentar retratar su propio paisaje del alma mexicana, mas el empeño para una antología como la que se presenta en estas páginas precisaba concentrar al lector en obras de la llamada ficción corta, cuentos que se leen de una sola sentada, sea en el trayecto de un viaje diario en el Metro y autobús o en lo que dura el tiempo de una espera que no llega a trastocar nuestros horarios.

Los veinte cuentos que se reúnen en esta antología son obra de grandes escritores mexicanos nacidos entre 1887 y 1939. Son una muestra —quizá no exhaustiva ni única— de la mejor literatura mexicana publicada durante la primera mitad del siglo XX y la nómina de sus autores conforma una pléyade —quizá no única ni exhaustiva— de los mejores escritores, algunos aún vivos y en constante publicación, de la literatura hispanoamericana contemporánea. Como toda antología hubo que recurrir a criterios —quizá obvios o arbitrarios— para acotar la vastedad del rico paisaje literario que nos ocupa: se excluyeron no pocos cuentistas o escritores que, aun no habiendo nacido en México, no sólo eligieron vivir, escribir e incluso morir en México, sino además filtrar entre sus obras ánimos y desánimos mexicanos. Ésa es la única y arbitraria razón por la que no aparecen aquí cualesquiera de los relatos extraordinarios de Gabriel García Márquez, Álvaro Mutis, José de la Colina, Max Aub, Julieta Campos, Alejandro Rossi, Augusto Monterroso u otros maestros del cuento mexicano que, aun formando parte de la misma época, nacieron en otros territorios con los que también comparten nacionalidad. También se excluyeron autores o cuentistas nacidos después de 1939 tan sólo por fijar como fecha para un medio siglo ese año emblemático, entre otros que también podrían serlo. Quizá pueda contrarrestar este otro criterio subjetivo el hecho de que los veinte autores incluidos en estas páginas conforman una suerte de geografía literaria de México: sus lugares de nacimiento cubren casi todas las regiones, climas, zonas culturales y atmósferas del México contemporáneo.

Algunos lectores podrán argumentar, cronología en mano, que el siglo XX nació en México y en el mundo con las burbujas del primer minuto del año 1901 y otros podrían insistir en que el siglo XX, tanto en México como en el resto de Occidente, amaneció con los balazos y gritos de la primera revolución social de la era moderna: ese conjunto de revueltas, reyertas y rebeliones que conocemos como *Revolución mexicana*. Esta antología signa la impresión de que un paisaje *en* historias de los escritores mexicanos de la primera mitad del siglo xx tendría que considerar a los autores nacidos en México a partir de las últimas décadas del siglo xix, cuando la larga dictadura de Porfirio Díaz —aún sin imaginar la posible caducidad de su época— pavimentaba las circunstancias y realidades, reclamos y deudas pendientes, de un cambio generacional que probó ser tan inevitable como incontenible en cuanto sonaron los primeros balazos de la revolución. Durante más de treinta años, el general Porfirio Díaz ejerció su dictadura autoritaria a través de velos y ropajes: con elecciones fraudulentas o nombrando jueces a su antojo, censurando a la prensa y a cualesquiera formas de crítica a su poder, así como subrayando el propósito ferviente de modernizar a México, instalar una paz generalizada aun a costa de represión incontestable y así elevar al país a los niveles económicos del mundo industrializado. Era como si la llamada *utopía porfiriana* dictara tornar la mirada de México exclusivamente hacia el futuro y hacia el extranjero. Sin embargo, ese ánimo de la época —a pesar de hipnotizar con su credo de progreso y modernización— desdeñaba el hambre de millones de desposeídos, así como las aspiraciones de cientos de mexicanos jóvenes que se sentían y sabían lo suficientemente maduros como para gobernar su propio destino.

Hacia finales de la primera década del siglo xx, Francisco I. Madero —joven y liberal del norte de México, quien había viajado por el mundo y colmado sus sueños con propósitos de democracia— retó a la dictadura de Porfirio Díaz no sólo al ganarle en las urnas, aunque esas elecciones también resultaron amañadas por el viejo dictador, sino posteriormente por hacer un llamado a las armas. Madero logró derrocar el gobierno de Díaz y se convirtió en uno de los presidentes más jóvenes de nuestra historia, luego de haberse ratificado en otra elección que ganó por absoluta mayoría y luego de que el viejo dictador huyera al exilio. Sabemos que Madero sería posteriormente asesinado, antes de cumplir su periodo presidencial, a manos ensangrentadas de militares y aristócratas que anhelaban el retorno de la *utopía porfiriana*. Sin embargo, me atrevo a sugerir que en México ya se respiraba un cambio fundamental de óptica nacional: el país ya no necesariamente dirigiría su mirada al futuro de progreso, sino más bien a las glorias del pasado, y los proyectos de nación se concentrarían menos en las ideas y modelos del extranjero y cada vez más en los modos y propuestas emanadas desde dentro. A partir de la muerte de Madero muchas y diferentes fuerzas estrecharían empeños por vengar su sacrificio democrático y por combatir a todos aquellos que pretendían conducir al país en reversa: Venustiano Carranza, enarbolando la necesidad para una nueva constitución, apoyado por Álvaro Obregón y Plutarco Elías Calles; Pancho Villa, un bandolero más que popular convertido en libertario, y Emiliano Zapata, un campesino cuya mirada era más que metafórica expresión de los gritos y desasosiegos de los más necesitados y de las mayorías en la pobreza, todos contribuirían a derrocar al gobierno usurpador que había matado a Madero y todos participarían activamente en diversas disputas y querellas, batallas y baños de sangre, incluso entre los propios *revolucionados*, hasta que la Revolución —ya con mayúscula— pudo deponer las armas y establecerse como una forma de gobierno sólido e irrebatido.

Muchos de los líderes revolucionarios y muchos de los *revolucionados* de a pie y en las trincheras no llegarían a ver cómo la Revolución se convirtió en instituciones: ya en la construcción de las nuevas estructuras sociales y económicas o en la fundación de un partido político único que, aunque evitaba la dictadura de un solo hombre en el poder, abrió la posibilidad de que un solo partido político gobernara México durante más de setenta años... nada menos que cuarenta años más que el propio Porfirio Díaz. Como en una galería de espejos, el gobierno de México a través de siete décadas del siglo XX podía reflejar y refractarse, verse o distorsionarse, como el de una dictadura perfecta, con organización sucesiva de fraudes electorales y demás velos que disfrazaran u ocultaran la libertad y la democracia, pero al mismo tiempo fertilizando el desarrollo de México como nación moderna, estabilizando casi todo el desasosiego social y encabezando desde el poder casi todos los empeños populares. La Revolución otorgaba entonces toda la libertad y un ánimo de renovada creatividad para sus escritores, al tiempo que concedía a pintores como Diego Rivera, José Clemente Orozco o David Alfaro Siqueiros la oportunidad para que cubrieran con sus pinceles los muros de los edificios públicos, en un propósito generalizado por devolverle al alma de México el honroso sentimiento por la riqueza de su pasado y por todo aquello que había sido desdeñado por la dictadura.

La primera mitad del siglo XX en México, esas décadas que definen y subrayan las historias incluidas en esta antología, así como las biografías de sus autores, podrían retratarse aquí como una era de crecimiento económico e industrial, expansión urbana y modernidad, que al mismo tiempo abrió fronteras y amplió la presencia de México allende su paisaje. Dos caras de una moneda.

Bajo la presidencia de Lázaro Cárdenas, durante la década de los treinta, la Revolución mexicana nacionalizó la industria petrolera y otros recursos, al tiempo que abrió las fronteras del país como refugio para todas las víctimas del fascismo y de las guerras del mundo, particularmente las víctimas de la Guerra Civil española. La moneda se lanzó al aire y resultó provechosa por ambos lados: el nacionalismo mexicano y el profundo orgullo por las remotas raíces del pasado alentó muchas caras para el progreso de la nación, al mismo tiempo que nuestras universidades, editoriales, periódicos y galerías de arte se vieron altamente beneficiadas por la llegada, desde España y Europa entera, de exiliados poetas, novelistas, académicos, maestros y obreros en general.

Las décadas que conducen hacia el año nodal de 1968 confirman la visión de una realidad con dos caras que bien podría explicar la literatura de los autores incluidos en este libro. En la medida en que los gobiernos revolucionarios de México seguían abonando la consolidación de una nación moderna, muchos políticos y caciques locales proseguían arando la semilla del abuso y de la corrupción. Los escritores incluidos en esta antología fueron testigos, o bien herederos, de ese carácter bipolar. Heredaron la rica cultura de honda raíz histórica y se han visto a sí mismos y a sus obras cruzar las fronteras artísticas universales.

Alfonso Reyes o Martín Luis Guzmán habían presenciado y sufrido en carne propia los sangrientos días de las batallas revolucionarias, para luego ver sus obras traducidas y apreciadas en otros países y culturas. Escritores de la siguiente generación, como Octavio Paz o Juan Rulfo, son hijos de familias que sobrevivieron directamente la revolución y se volvieron autores mundialmente reconocidos hacia finales de la década de los sesenta, y el siguiente segmento generacional, que podría definirse entre Carlos Fuentes y José Emilio Pacheco, continúa deslumbrando hasta nuestros días a lectores de todas partes del mundo, habiendo escrito o vivido ellos mismos una biografía que se inicia con la apertura de México a las modernas corrientes del mundo occidental, pasando por las rudezas de la Guerra Fría, y desemboca en los terribles acontecimientos de 1968, cuando el gobierno de México decidió aplastar con el baño de sangre de la plaza de Tlatelolco un movimiento estudiantil de fresco espíritu que demandaba libertad y democracia. Dos caras de la moneda: tan sólo diez días después de la represión militar, México era sede en colores brillantes de los juegos olímpicos.

La presente antología se guió por el afán de retratar —hasta donde fuese posible— la diversidad policultural de México. Aquí el relato de tema y sabor urbano, tanto como el cuento que refleja voces y andares del campo y sus cosechas; aquí el obrero que viaja en transportes modernos o habita rincones de la gran ciudad, y aquí también el campesino que lleva la vida con los horarios que marcan el cielo y sus nubes. Estas páginas van también de los escenarios y circunstancias de un México que ya no es o dejó de ser a la pigmentación inocultable de ese México que sigue siendo bajo la piel de sus mayorías; aquí los enconos o fusilamientos de épocas pasadas y las ilusiones ecuménicas o la imaginación universal de los cuentistas modernos.

Si bien nunca habrá demasiadas o suficientes antologías de cuentos mexicanos, sí existen varias y muy buenas, tanto en español como en otros idiomas. Si bien parecía imposible conformar el índice de la presente antología fuera de los criterios obvios para ordenación por fecha de nacimiento de los autores o fechas de publicación de sus respectivos cuentos aquí antologados, se logró una división temática en cinco páramos, donde se ubicaron cuatro cuentos para cada rubro —sea por la literatura que revelaron sus respectivos autores a lo largo de su obra o por el preciso tenor del cuento elegido para estas páginas—. El resultado revela el verdadero paisaje *en* historias de la literatura mexicana de la llamada *ficción corta*, de la primera mitad del siglo XX. Abren el volumen cuatro cuentos que abrevan y abundan de "La irrealidad fantástica", seguidos por relatos cuyas narraciones pintan vistas de "Paisajes de realidad mexicana" y luego, los relatos quizá más verosímiles sobre "El pasado palpable". Cierran la presente antología cuatro cuentos que abordan "El insólito cotidiano urbano" y otros cuatro cuentos de más pura "Íntima imaginación". Cada lector podrá reacomodar los cuentos aquí reunidos según la digestión de su lectura, mas no dudo que el agua del azar ha permitido conjugar un reparto que respeta sincronías, afinidades y rasgos generacionales, amén de confirmar la riqueza polifacética y multicultural de la literatura mexicana.

Este paisaje de cuentos muestra las historias tanto de los desposeídos u olvidados como de los prepotentes y potentados; muestra asimismo las biografías en tinta de quienes profesan la honrosa medianía de la ancha clase media mexicana consolidada precisamente durante la primera mitad del siglo XX: la anónima trayectoria de ese personaje que pueden ser tantos otros que, de pronto, también puede quedar en tinta indeleble de relato inolvidable. Se trata de un caleidoscopio de relatos cortos, de fácil lectura para cualquier lector de todo nivel social, e incluso, de un digno cónclave de los mejores escritores y relatos de México cuya traducción a otros idiomas revelará una fiel fotografía (sea en blanco y negro o en color) de los variados rostros de México, las muchas caras de su gente y las palabras o silencios, murmullos muertos o gritos a cuello vivo, de los colores que se comen y los sabores inconcebibles que nos nombran. Para cualquier lector de estos cuentos es útil considerar que México es un país de constantes contrastes. El indeleble fervor religioso que revelan los mexicanos (en particular la devoción por la virgen de Guadalupe) permanece intacto al paso de los siglos, así como en medio de la juerga constante de la mayoría de las expresiones paganas. Los mexicanos pueden destramparse y rezar al mismo tiempo y nuestro país revela el lujo y ostentación de los más ricos millonarios sobre las mismas calles en donde la pobreza y el hambre extienden las palmas de sus manos con desesperación. Los mexicanos podemos celebrar la vida en cada conversación y a todo lo viviente en las diferentes expresiones artísticas mientras permanecemos solemnemente fieles a nuestra convencida consideración de la muerte. A diferencia del *halloween* que se arriesga a pedir la posibilidad de una golosina por vía de un disfraz, en México no sólo visitamos a nuestros muertitos con flores y frutas, comida y bebida (a ser servidos y degustados sobre las lápidas de sus tumbas), sino que somos capaces de obsequiar a nuestros parientes y amigos una calaverita de azúcar, con su nombre escrito en dulce, para así celebrar que siga en vida a nuestro lado, al tiempo que le recordamos —y nos acordamos nosotros mismos— que algún día dejaremos de andar por aquí.

Quizá por lo mismo, y por las dos caras de la misma moneda que nos distingue y diferencia, los mejores relatos de la literatura mexicana no son historias color de rosa y nuestros cuentos no son siempre proclives al final feliz. Como toda buena literatura, las letras mexicanas —y en particular, los cuentos— son retratos de una realidad que no niega dolores ni desgarros, desgracias, engaños, banquete y desolación, aunque eso no quiere decir —ni insinuar— que la realidad mexicana sea inevitablemente violenta o una cronología de desgracias anunciadas. Al contrario, quiere decir que nuestros escritores —quizá más que otros artistas— sopesan el contraste del desasosiego que se esconde entre nuestras felicidades constantes, el tinte de melancolía que destila una sonrisa y el anhelo permanente que somos capaces de ofrendar ante un amor que nos ha olvidado.

Sean verídicos o de pura ficción, México es un país lleno de cuentos. A diferencia de otras culturas e idiomas, en México se puede saludar al prójimo con tan sólo pedirle que nos cuente algo y, al mismo tiempo, se puede denostar a un próximo con espetarle que lo que nos dice son puros cuentos. Más de un político o ama de casa podría sustentar la costumbre mexicana de que nos es más importante rendir cuentos a tener que rendir cuentas y en una inmensa mayoría de hogares mexicanos se sigue anunciando un cuento, cuando en realidad se va a contar un chiste. No pocos de los escritores reunidos en esta antología afirman que sus cuentos —si bien ideados o imaginados a lo largo de tiempos variables— fueron escritos a mano o a máquina, de una sola sentada, por lo menos en su primera versión. En tinta verde al vuelo sobre hojas amarillentas o en el nervioso repiquetear que antes dejaban escuchar las máquinas de escribir, aquí hay cuentos que se leen como quien dilata una sobremesa sin prisas, como quien narra kilómetro tras kilómetro un viaje que se pierde en atardeceres morados o como quien recuerda pedazos de vida entre el insomnio hipnótico con el que se desplaza un vagón del Metro en la ciudad de México.

Los veinte cuentos que se editan en la presente antología no niegan la comodidad accesible de su lectura debida a su extensión o la viscosidad de sus respectivos entramados y personajes. Son cuentos legibles a pesar del tiempo que transcurra desde el momento de su publicación; párrafos que incluso traducidos pueden llegar a tatuar la sensibilidad de cualquier lector. No precisan ir acompañados de una cronología cuadriculada que ofreciera contextos históricos ni tampoco deben quedar asignados exclusivamente a la obra en general o los demás libros que cada uno de sus autores publicara. Así, por ejemplo, esta antología recoge un solo y magnífico cuento, entre los pocos relatos de ficción, que escribiera Octavio Paz, uno de los más grandes poetas mexicanos de todos los tiempos, reconocido universalmente más por sus ensayos y poemas que por su fugaz propensión al cuento corto y, de igual manera, se recogen cuentos extraordinarios firmados por autores como Carlos Fuentes o

Salvador Elizondo, cuya trascendencia literaria e importancia editorial han quedado cifradas por sus novelas o relatos de largo aliento que rebasan los confines acostumbrados por el cuento. Están, por igual aunque a contrapelo, los cuentos que mejor ejemplifican la obra de escritores que precisamente se deben y dedicaron al cuento; escritores como Edmundo Valadés o Juan José Arreola que no necesariamente precisaron recorrer el páramo ilimitado de la novela, el escenario en vivo de los teatros, o hilar versos en delicadas estrofas ni intentar la revelación personal de su imaginación a través del ensayo, sino expresarse, y de paso expresar una cara de México, por medio de un cuento, como quien intenta describirle a un compañero de viaje en un tren que recorra la noche de Europa de dónde viene y cómo son sus afectos, qué comida es la que extraña porque no existe allá y cuáles las palabras que con sólo pronunciarlas podrían hacerlo llorar de puro gusto.

Sol, piedra y sombras. Veinte cuentistas mexicanos de la primera mitad del siglo XX llega a la imprenta gracias a Su Excelencia Arturo Sarukhan, embajador de México en Estados Unidos, cuya gestión ha impulsado este innovador proyecto. Quiero expresar mi reconocimiento a Juan García de Oteyza y a Hernán Bravo Varela del Instituto Mexicano de Cultura en Washington, D. C. por sus ideas originales, así como a Consuelo Sáizar, Joaquín Díez-Canedo, Martí Soler y Juan Carlos Rodríguez del Fondo de Cultura Económica por su amplia experiencia editorial. Agradezco muy especialmente las valiosas opiniones y el espléndido apoyo de Dana Gioia, presidente del National Endowment for the Arts de Estados Unidos. Gracias a la participación de todos nuestros colaboradores podemos ofrecer lo mejor de la literatura mexicana para los lectores de nuestras dos naciones.

Las presente antología habría sido imposible sin la colaboración de otros editores, traductores y de los propios autores.

La deuda de gratitud se extiende al poeta Francisco Hernández, quien ayudó a perfilar la larga lista inicial de cuentos y cuentistas, de donde luego de varias cribas y criterios inevitables de exclusión se generó la ardua aventura que realizaron notablemente Clarissa Minchew y Pablo Duarte en todo tipo de labor de lectura y demás pormenores editoriales. Merecen especial mención no exenta de gratitud cada uno de los traductores que han trabajado los cuentos elegidos para la presente edición, pues con su minuciosa labor de lenguas han abierto las fronteras del paisaje literario de México hacia otras fronteras y otras culturas.

El resultado es un mural de diversos óleos donde se leen muchos de los colores que sienten en México sus escritores y sus historias; una sinfonía en veinte movimientos donde confluyen los ritmos tradicionales del son en todos sus sabores geográficos junto con los silencios que parecen decir en las noches los fantasmas de nuestros muertos. Veinte cuentos de veinte escritores que recorren un paisaje que va de las costas y sus palmeras hasta los desiertos y sus alfombras de arena, los cerros al amanecer de pueblos de campanas viejas y las montañas que parecen sombras nevadas al filo de la ciudad más grande del mundo. Veinte cuentos que no serán resumidos ni anunciados en párrafos cortos que, en realidad, cortarían la magia de su inspiración y las sorpresas de sus respectivos desenlaces, pero que en conjunto pueden presentarse aquí como una forma de México, una mancha sobre el planeta en forma de cuerno de diversas abundancias sobre un fondo azul; una nube que ahora toca a cada lector brindarle formas con su lectura. Como quien escucha por primera vez la palabra *bugambilia* para describir el paño morado que cuelga sobre un muro de adobe o como quien prueba por primera vez la jugosa carne amarilla de un mango, el negro y picante enigma de un mole o el sabor de tierra fresca de la roja agua de jamaica. Como quien camina entre millones de mexicanos en medio de la ciudad de México y como quien anda sin prisas por un paisaje de acuarelas donde apenas se distinguen unas figuras en el horizonte; como quien escucha el testimonio de un hombre muerto por una injusticia o presencia la alucinación de un escritor que se sabe leído en el instante mismo de escribir unas palabras en tinta sobre papel.

En inglés se acostumbra decirle "cuerda tensa" a lo que en México se conoce como la "cuerda floja". El cuentista es un equilibrista que recorre la corta distancia de la cuerda —sea tensa o floja— formada por un relato, como quien anda el transcurso de toda una vida. Lo fugitivo se vuelve eterno, la permanente fugacidad, las palabras no caducan y todo pretérito se mantiene en vida... en vilo, como el cuentista que sortea sobre la profundidad de sus propios párrafos la veracidad de lo increíble, lo palpable de todo invisible y la monumentalidad de lo minúsculo, tanto o más que lo inverificable de las circunstancias, la anécdota anónima y la transformación en carne y huesos de personajes inventados. El cuentista avanza en su equilibrio al narrar el cuento que no llegará a puerto seguro hasta ser leído y, entonces, todo lo narrado existe y quedará en la memoria e imaginación por dejar de ser inédito y volverse compartido: un diálogo anónimo jamás pronunciado en la realidad se proyecta entonces sobre la página como en pantalla para ser escuchado en silencio, un momento heroico olvidado en la noche de los tiempos se vuelve entonces parte de nuestra propia biografía y un personaje inexistente se convierte en amigo entrañable para toda la vida simplemente porque lo hemos leído.

Cuando en inglés se afirma que uno abreviará una historia "to make a long story short", se insinúa la noción de que el relato en cuestión es de por sí largo y que —por razones de tiempo, saliva o lugar— hay que resumir para narrarlo, y cuando en español anunciamos abreviar una historia "para no hacer el cuento largo", es como si no importara si el relato en cuestión es de por sí largo o no, sino que lo que en realidad importa será la brevedad con la que pueda narrarse un cuento, la corta impresión con la que podemos atrapar de un solo vistazo todo un paisaje o las pocas palabras que se necesitan compartir para que un rostro no se desdibuje en el anonimato y para que nuestras historias no se pierdan jamás en el olvido.

LA IRREALIDAD FANTÁSTICA

Mi vida con la ola

OCTAVIO PAZ

Cuando dejé aquel mar, una ola se adelantó entre todas. Era esbelta y ligera. A pesar de los gritos de las otras, que la detenían por el vestido flotante, se colgó de mi brazo y se fue conmigo saltando. No quise decirle nada, porque me daba pena avergonzarla ante sus compañeras. Además, las miradas coléricas de las mayores me paralizaron. Cuando llegamos al pueblo, le expliqué que no podía ser, que la vida en la ciudad no era lo que ella pensaba en su ingenuidad de ola que nunca ha salido del mar. Me miró seria: No, su decisión estaba tomada. No podía volver. Intenté dulzura, dureza, ironía. Ella lloró, gritó, acarició, amenazó. Tuve que pedirle perdón.

Al día siguiente empezaron mis penas. ¿Cómo subir al tren sin que nos vieran el conductor, los pasajeros, la policía? Es cierto que los reglamentos no dicen nada respecto al transporte de olas en los ferrocarriles, pero esa misma reserva era un indicio de la severidad con que se juzgaría nuestro acto. Tras de mucho cavilar me presenté en la estación una hora antes de la salida, ocupé mi asiento y, cuando nadie me veía, vacié el depósito de agua para los pasajeros; luego, cuidadosamente, vertí en él a mi amiga.

El primer incidente surgió cuando los niños de un matrimonio vecino declararon su ruidosa sed. Les salí al paso y les prometí refrescos y limonadas. Estaban a punto de aceptar cuando se acercó otra sedienta. Quise invitarla también, pero la mirada de su acompañante me detuvo. La señora tomó un vasito de papel, se acercó al depósito y abrió la llave. Apenas estaba a medio llenar el vaso cuando me interpuse de un salto entre ella y mi amiga. La señora me miró con asombro. Mientras pedía disculpas, uno de los niños volvió a abrir el depósito. Lo cerré con violencia. La señora se llevó el vaso a los labios:

—Ay, el agua está salada.

El niño le hizo eco. Varios pasajeros se levantaron. El marido llamó al Conductor:

—Este individuo echó sal al agua.

El Conductor llamó al Inspector:

—¿Conque usted echó substancias en el agua?

El Inspector llamó al policía en turno:

—¿Conque usted echó veneno al agua?

El policía en turno llamó al Capitán:

—¿Conque usted es el envenenador?

El Capitán llamó a tres agentes. Los agentes me llevaron a un vagón solitario, entre las miradas y los cuchicheos de los pasajeros. En la primera estación me bajaron y a empujones me arrastraron a la cárcel. Durante días no se me habló, excepto durante los largos interrogatorios. Cuando contaba mi caso nadie me creía, ni siquiera el carcelero, que movía la cabeza, diciendo: "El asunto es grave, verdaderamente grave. ¿No había querido envenenar a unos niños?" Una tarde me llevaron ante el Procurador.

—Su asunto es difícil —repitió—. Voy a consignarlo al Juez Penal.

Así pasó un año. Al fin me juzgaron. Como no hubo víctimas, mi condena fue ligera. Al poco tiempo, llegó el día de la libertad.

El Jefe de la Prisión me llamó:

—Bueno, ya está libre. Tuvo suerte. Gracias a que no hubo desgracias. Pero que no se vuelva a repetir, porque la próxima le costará caro…

Y me miró con la misma mirada seria con que todos me veían.

Esa misma tarde tomé el tren y luego de unas horas de viaje incómodo llegué a México. Tomé un taxi y me dirigí a casa. Al llegar a la puerta de mi departamento oí risas y cantos. Sentí un dolor en el pecho, como el golpe de la ola de la sorpresa cuando la sorpresa nos golpea en pleno pecho: mi amiga estaba allí, cantando y riendo como siempre.

—¿Cómo regresaste?

—Muy fácil: en el tren. Alguien, después de cerciorarse de que sólo era agua salada, me arrojó en la locomotora. Fue un viaje agitado: de pronto era un penacho blanco de vapor, de pronto caía en lluvia fina sobre la máquina. Adelgacé mucho. Perdí muchas gotas.

Su presencia cambió mi vida. La casa de pasillos obscuros y muebles empolvados se llenó de aire, de sol, de rumores y reflejos verdes y azules, pueblo numeroso y feliz de reverberaciones y ecos. ¡Cuántas olas es una ola y cómo puede hacer playa o roca o rompeolas un muro, un pecho, una frente que corona de espumas! Hasta los rincones abandonados, los abyectos rincones del polvo y los detritus fueron tocados por sus manos ligeras. Todo se puso a sonreír y por todas partes brillaban dientes blancos. El sol entraba con gusto en las viejas habitaciones y se quedaba en casa por horas, cuando ya hacía tiempo que había abandonado las otras casas, el barrio, la ciudad, el país. Y varias noches, ya tarde, las escandalizadas estrellas lo vieron salir de mi casa, a escondidas.

El amor era un juego, una creación perpetua. Todo era playa, arena, lecho de sábanas siempre frescas. Si la abrazaba, ella se erguía, increíblemente esbelta, como el tallo líquido de un chopo; y de pronto esa delgadez florecía en un chorro de plumas blancas, en un penacho de risas que caían sobre mi cabeza y mi espalda y me cubrían de blancuras. O se extendía frente a mí, infinita como el horizonte, hasta que yo también me hacía horizonte y silencio. Plena y sinuosa, me envolvía como una música o unos labios inmensos. Su presencia era un ir y venir de caricias, de rumores, de besos. Entraba en sus aguas, me ahogaba a medias y en un cerrar de ojos me encontraba arriba, en lo alto del vértigo, misteriosamente suspendido, para caer después como una piedra, y sentirme suavemente depositado en lo seco, como una pluma. Nada es comparable a dormir mecido en esas aguas, si no es despertar golpeado por mil alegres látigos ligeros, por mil arremetidas que se retiran, riendo.

Pero jamás llegué al centro de su ser. Nunca toqué el nudo del ay y de la muerte. Quizá en las olas no existe ese sitio secreto que hace vulnerable y mortal a la mujer, ese pequeño botón eléctrico donde todo se enlaza, se crispa y se yergue, para luego desfallecer. Su sensibilidad, como la de las mujeres, se propagaba en ondas, sólo que no eran ondas concéntricas, sino excéntricas, que se extendían cada vez más lejos, hasta tocar otros astros. Amarla era prolongarse en contactos remotos, vibrar con estrellas lejanas que no sospechamos. Pero su centro... no, no tenía centro, sino un vacío parecido al de los torbellinos, que me chupaba y me asfixiaba.

Tendidos el uno al lado del otro, cambiábamos confidencias, cuchicheos, risas. Hecha un ovillo, caía sobre mi pecho y allí se desplegaba como una vegetación de rumores. Cantaba a mi oído, caracola. Se hacía humilde y transparente, echada a mis pies como un animalito, agua mansa. Era tan límpida que podía leer todos sus pensamientos. Ciertas noches su piel se cubría de fosforescencias y abrazarla era abrazar un pedazo de noche tatuada de fuego. Pero se hacía también negra y amarga. A horas inesperadas mugía, suspiraba, se retorcía. Sus gemidos despertaban a los vecinos. Al oírla el viento del mar se ponía a rascar la puerta de la casa o deliraba en voz alta por las azoteas. Los días nublados la irritaban; rompía muebles, decía malas palabras, me cubría de insultos y de una espuma gris y verdosa. Escupía, lloraba, juraba, profetizaba. Sujeta a la luna, a las estrellas, al influjo de la luz de otros mundos, cambiaba de humor y de semblante de una manera que a mí me parecía fantástica, pero que era fatal como la marea.

Empezó a quejarse de soledad. Llené la casa de caracolas y conchas, de pequeños barcos veleros, que en sus días de furia hacía naufragar (junto con los otros, cargados de imágenes, que todas las noches salían de mi frente y se hundían en sus feroces o graciosos torbellinos). ¡Cuántos pequeños tesoros se perdieron en ese tiempo! Pero no le bastaban mis barcos ni el canto silencioso de las caracolas. Tuve que instalar en la casa una colonia de peces. Confieso que no sin celos los veía nadar en mi amiga, acariciar sus pechos, dormir entre sus piernas, adornar su cabellera con leves relámpagos de colores.

Entre todos aquellos peces había unos particularmente repulsivos y feroces, unos pequeños tigres de acuario, de grandes ojos fijos y bocas hendidas y carniceras. No sé por qué aberración mi amiga se complacía en jugar con ellos, mostrándoles sin rubor una preferencia cuyo significado prefiero ignorar. Pasaba largas horas encerrada con aquellas horribles criaturas. Un día no pude más; eché abajo la puerta y me arrojé sobre ellos. Ágiles y fantasmales, se me escapaban entre las manos mientras ella reía y me golpeaba hasta derribarme. Sentí que me ahogaba. Y cuando estaba a punto de morir, morado ya, me depositó suavemente en la orilla y empezó a besarme, diciendo no sé qué cosas. Me sentí muy débil, molido y humillado. Y al mismo tiempo la voluptuosidad me hizo cerrar los ojos. Porque su voz era dulce y me hablaba de la muerte deliciosa de los ahogados. Cuando volví en mí, empecé a temerla y odiarla.

Tenía descuidados mis asuntos. Empecé a frecuentar a los amigos y reanudé viejas y queridas relaciones. Encontré a una amiga de juventud. Haciéndole jurar que me guardaría el secreto, le conté mi vida con la ola. Nada conmueve tanto a las mujeres como la posibilidad de salvar a un hombre. Mi redentora empleó todas sus artes, pero ¿qué podía una mujer, dueña de un número limitado de almas y cuerpos, frente a mi amiga, siempre cambiante —y siempre idéntica a sí misma en sus metamorfosis incesantes?

Vino el invierno. El cielo se volvió gris. La niebla cayó sobre la ciudad. Llovía una llovizna helada. Mi amiga gritaba todas las noches. Durante el día se aislaba, quieta y siniestra, mascullando una sola sílaba, como una vieja que rezonga en un rincón. Se puso fría; dormir con ella era tiritar toda la noche y sentir cómo se helaban paulatinamente la sangre, los huesos, los pensamientos. Se volvió honda, impenetrable, revuelta. Yo salía con frecuencia y mis ausencias eran cada vez más prolongadas. Ella, en su rincón, aullaba largamente. Con dientes acerados y lengua corrosiva roía los muros, desmoronaba las paredes. Pasaba las noches en vela, haciéndome reproches. Tenía pesadillas, deliraba con el sol, con playas ardientes. Soñaba con el polo y en convertirse en un gran trozo de hielo, navegando bajo cielos negros en noches largas como meses. Me injuriaba. Maldecía y reía; llenaba la casa de carcajadas y fantasmas. Llamaba a los monstruos de las profundidades, ciegos, rápidos y obtusos. Cargada de electricidad, carbonizaba lo que tocaba; de ácidos, corrompía lo que rozaba. Sus dulces brazos se volvieron cuerdas ásperas que me estrangulaban. Y su cuerpo, verdoso y elástico, era un látigo implacable, que golpeaba, golpeaba, golpeaba. Huí. Los horribles peces reían con risa feroz.

Allá en las montañas, entre los altos pinos y los despeñaderos, respiré el aire frío y fino como un pensamiento de libertad. Al cabo de un mes regresé. Estaba decidido. Había hecho tanto frío que encontré sobre el mármol de la chimenea, junto al fuego extinto, una estatua de hielo. No me conmovió su aborrecida belleza. La eché en un gran saco de lona y salí a la calle, con la dormida a cuestas. En un restaurante de las afueras la vendí a un cantinero amigo, que inmediatamente empezó a picarla en pequeños trozos, que depositó cuidadosamente en las cubetas donde se enfrían las botellas.

Chac Mool

CARLOS FUENTES

Hace poco tiempo, Filiberto murió ahogado en Acapulco. Sucedió en semana santa. Aunque despedido de su empleo en la Secretaría, Filiberto no pudo resistir la tentación burocrática de ir, como todos los años, a la pensión alemana, comer el *choucrout* endulzado por el sudor de la cocina tropical, bailar el sábado de gloria en La Quebrada, y sentirse "gente conocida" en el oscuro anonimato vespertino de la playa de Hornos. Claro, sabíamos que en su juventud había nadado bien, pero ahora, a los cuarenta, y tan desmejorado como se le veía, ¡intentar salvar, y a medianoche, un trecho tan largo! Frau Müller no permitió que se velara —cliente tan antiguo— en la pensión; por el contrario, esa noche organizó un baile en la terracita sofocada, mientras Filiberto esperaba, muy pálido en su caja, a que saliera el camión matutino de la terminal, y pasó acompañado de huacales y fardos la primera noche de su nueva vida. Cuando llegué, temprano, a vigilar el embarque del féretro, Filiberto estaba bajo un túmulo de cocos; el chofer dijo que lo acomodáramos rápidamente en el toldo y lo cubriéramos de lonas, para que no se espantaran los pasajeros, y a ver si no le habíamos echado la sal al viaje.

Salimos de Acapulco, todavía en la brisa. Hasta Tierra Colorada nacieron el calor y la luz. Con el desayuno de huevos y chorizo, abrí el cartapacio de Filiberto, recogido el día anterior, junto con sus otras pertenencias, en la pensión de los Müller. Doscientos pesos. Un periódico viejo; cachos de la lotería; el pasaje de ida —¿sólo de ida?—, y el cuaderno barato, de hojas cuadriculadas y tapas de papel mármol.

Me aventuré a leerlo, a pesar de las curvas, el hedor a vómito, y cierto sentimiento natural de respeto a la vida privada de mi difunto amigo. Recordaría —sí, empezaba con eso— nuestra cotidiana labor en la oficina; quizá, sabría por qué fue declinando, olvidando sus deberes, por qué dictaba oficios sin sentido, ni número, ni "Sufragio Efectivo". Por qué, en fin, fue corrido, olvidada la pensión, sin respetar los escalafones.

"Hoy fui a arreglar lo de mi pensión. El licenciado, amabilísimo. Salí tan contento que decidí gastar cinco pesos en un café. Es el mismo al que íbamos de jóvenes y al que ahora nunca concurro, porque me recuerda que a los veinte años podía darme más lujos que a los cuarenta. Entonces todos estábamos en un mismo plano, hubiéramos rechazado con energía cualquier opinión peyorativa hacia los compañeros —de hecho librábamos la batalla por aquellos a quienes en la casa discutían la baja extracción o falta de elegancia. Yo sabía que muchos (quizá los más humildes) llegarían muy alto, y aquí, en la escuela, se iban a forjar las amistades duraderas en cuya compañía cursaríamos el mar bravío. No, no fue así. No hubo reglas. Muchos de los humildes quedaron allí, muchos llegaron más arriba de lo que pudimos pronosticar en aquellas fogosas, amables tertulias. Otros, que parecíamos prometerlo todo, quedamos a la mitad del camino, destripados en un examen extracurricular, aislados por una zanja invisible de los que triunfaron y de los que nada alcanzaron. En fin, hoy volví a sentarme en las sillas, modernizadas —también, como barricada de una invasión, la fuente de sodas—, y pretendí leer expedientes. Vi a muchos, cambiados, amnésicos, retocados de luz neón, prósperos. Con el café que casi no reconocía, con la ciudad misma, habían ido cincelándose a ritmo distinto del mío. No, ya no me reconocían, o no me querían reconocer. A lo sumo —uno o dos— una mano gorda y rápida en el hombro. Adiós viejo, qué tal. Entre ellos y yo, mediaban los dieciocho agujeros del Country Club. Me disfracé en los expedientes. Desfilaron los años de las grandes ilusiones, de los pronósticos felices y también todas las omisiones que impidieron su realización. Sentí la angustia de no poder meter los dedos en el pasado y pegar los trozos de algún rompecabezas abandonado; pero el arcón de los juguetes se va olvidando, y al cabo, quién sabrá a dónde fueron a dar los soldados de plomo, los cascos, las espadas de madera. Los disfraces tan queridos, no fueron más que eso. Y sin embargo había habido constancia, disciplina, apego al deber. ¿No era suficiente, o sobraba? No dejaba, en ocasiones, de asaltarme el recuerdo de Rilke. La gran recompensa de la aventura de juventud debe ser la muerte; jóvenes, debemos partir con todos nuestros secretos. Hoy, no tendría que volver la vista a las ciudades de sal. ¿Cinco pesos? Dos de propina."

"Pepe, aparte de su pasión por el derecho mercantil, gusta de teorizar. Me vio salir de Catedral, y juntos nos encaminamos a Palacio. Él es descreído, pero no le basta: en media cuadra tuvo que fabricar una teoría. Que si no fuera mexicano, no adoraría a Cristo, y —No, mira, parece evidente. Llegan los españoles y te proponen adores a un Dios, muerto hecho un coágulo, con el costado herido, clavado en una cruz. Sacrificado. Ofrendado. ¿Qué cosa más natural que aceptar un sentimiento tan cercano a todo tu ceremonial, a toda tu vida?... Figúrate, en cambio, que México hubiera sido conquistado por budistas o mahometanos. No es concebible que nuestros indios veneraran a un individuo que murió de indigestión. Pero un Dios al que no le basta que se sacrifiquen por él, sino que incluso va a que le arranquen el corazón, ¡caramba, jaque mate a Huitzilopochtli![1] El cristianismo, en su sentido cálido, sangriento, de sacrificio y liturgia, se vuelve una prolongación natural y novedosa de la religión indígena. Los aspectos de caridad, amor y la otra mejilla, en cambio, son rechazados. Y todo en México es eso: hay que matar a los hombres para poder creer en ellos.

"Pepe conocía mi afición, desde joven, por ciertas formas del arte indígena mexicano. Yo colecciono estatuillas, ídolos, cacharros. Mis fines de semana los paso en Tlaxcala,[2] o en Teotihuacán.[3] Acaso por esto le guste relacionar todas las teorías que elabora para mi consumo con estos temas. Por cierto que busco una réplica razonable del Chac Mool[4] desde hace tiempo, y hoy Pepe me informa de un lugar en La Lagunilla donde venden uno de piedra y parece que barato. Voy a ir el domingo.

"Un guasón pintó de rojo el agua del garrafón en la oficina, con la consiguiente perturbación de las labores. He debido consignarlo al director, a quien sólo le dio mucha risa. El culpable se ha valido de esta circunstancia para hacer sarcasmos a mis costillas el día entero, todos en torno al agua. ¡Ch...!"

---

[1] *Huitzilopochtli*: dios azteca de la guerra y del sol cuyo nombre significa "colibrí azul a la izquierda (o al sur)". Según la tradición, guió la migración azteca desde la mítica Aztlán hasta el valle de México; para apaciguarlo era necesario ofrendarle corazones humanos.

[2] *Tlaxcala*: capital del estado de Tlaxcala en la región central de México; es célebre en la historia porque nunca fue conquistada por los aztecas.

[3] *Teotihuacán*: sitio arqueológico monumental ubicado en las afueras de la ciudad de México, al noreste; en él se encuentran algunas de las más imponentes pirámides precolombinas.

[4] *Chac Mool*: estatua de piedra precolombina cuya figura semeja un hombre acostado, apoyado sobre sus hombros, con las rodillas hacia arriba, la cabeza girada hacia un lado y un plato sobre el vientre. Se encontraba normalmente en recintos relacionados con el culto al dios de la lluvia.

"Hoy, domingo, aproveché para ir a La Lagunilla. Encontré el Chac Mool en la tienducha que me señaló Pepe. Es una pieza preciosa, de tamaño natural, y aunque el marchante asegura su originalidad, lo dudo. La piedra es corriente, pero ello no aminora la elegancia de la postura o lo macizo del bloque. El desleal vendedor le ha embarrado salsa de tomate en la barriga para convencer a los turistas de la autenticidad sangrienta de la escultura.

"El traslado a la casa me costó más que la adquisición. Pero ya está aquí, por el momento en el sótano mientras reorganizo mi cuarto de trofeos a fin de darle cabida. Estas figuras necesitan sol, vertical y fogoso; ése fue su elemento y condición. Pierde mucho en la oscuridad del sótano, como simple bulto agónico, y su mueca parece reprocharme que le niegue la luz. El comerciante tenía un foco exactamente vertical a la escultura, que recortaba todas las aristas, y le daba una expresión más amable a mi Chac Mool. Habrá que seguir su ejemplo."

"Amanecí con la tubería descompuesta. Incauto, dejé correr el agua de la cocina, y se desbordó, corrió por el suelo y llegó hasta el sótano, sin que me percatara. El Chac Mool resiste la humedad, pero mis maletas sufrieron; y todo esto en día de labores, me ha obligado a llegar tarde a la oficina."

"Vinieron, por fin, a arreglar la tubería. Las maletas, torcidas. Y el Chac Mool, con lama en la base."

"Desperté a la una: había escuchado un quejido terrible. Pensé en ladrones. Pura imaginación."

"Los lamentos nocturnos han seguido. No sé a qué atribuirlos, pero estoy nervioso. Para colmo de males, la tubería volvió a descomponerse, y las lluvias se han colado, inundando el sótano."

"El plomero no viene, estoy desesperado. Del Departamento del Distrito Federal, más vale no hablar. Es la primera vez que el agua de las lluvias no obedece a las coladeras y viene a dar a mi sótano. Los quejidos han cesado: vaya una cosa por otra."

"Secaron el sótano, y el Chac Mool está cubierto de lama. Le da un aspecto grotesco, porque toda la masa de la escultura parece padecer de una erisipela verde, salvo los ojos, que han permanecido de piedra. Voy a aprovechar el domingo para raspar el musgo. Pepe me ha recomendado cambiarme a un apartamento, y en el último piso, para evitar estas tragedias acuáticas. Pero no puedo dejar este caserón, ciertamente muy grande para mí solo, un poco lúgubre en su arquitectura porfiriana, pero que es la única herencia y recuerdo de mis padres. No sé qué me daría ver una fuente de sodas con sinfonola en el sótano y una casa de decoración en la planta baja."

"Fui a raspar la lama del Chac Mool con una espátula. El musgo parecía ser ya parte de la piedra; fue labor de más de una hora, y sólo a las seis de la tarde pude terminar. No era posible distinguir en la penumbra, y al dar fin al trabajo, con la mano seguí los contornos de la piedra. Cada vez que repasaba el bloque parecía reblandecerse. No quise creerlo: era ya casi una pasta. Este mercader de La Lagunilla me ha timado. Su escultura precolombina es puro yeso, y la humedad acabará por arruinarla. Le he puesto encima unos trapos, y mañana la pasaré a la pieza de arriba, antes de que sufra un deterioro total."

"Los trapos están en el suelo. Increíble. Volví a palpar al Chac Mool. Se ha endurecido, pero no vuelve a la piedra. No quiero escribirlo: hay en el torso algo de la textura de la carne, lo aprieto como goma, siento que algo corre por esa figura recostada... Volví a bajar en la noche. No cabe duda: el Chac Mool tiene vello en los brazos."

"Esto nunca me había sucedido. Tergiversé los asuntos en la oficina; giré una orden de pago que no estaba autorizada, y el director tuvo que llamarme la atención. Quizá me mostré hasta descortés con los compañeros. Tendré que ver a un médico, saber si es imaginación, o delirio, o qué, y deshacerme de ese maldito Chac Mool."

Hasta aquí, la escritura de Filiberto era la vieja, la que tantas veces vi en memoranda y formas, ancha y ovalada. La entrada del 25 de agosto parecía escrita por otra persona. A veces como niño, separando trabajosamente cada letra; otras, nerviosa, hasta diluirse en lo ininteligible. Hay tres días vacíos, y el relato continúa:

"todo es tan natural; y luego, se cree en lo real... pero esto lo es, más que lo creído por mí. Si es real un garrafón, y más, porque nos damos mejor cuenta de su existencia, o estar, si un bromista pinta de rojo el agua... Real bocanada de cigarro efímera, real imagen monstruosa en un espejo de circo, reales, ¿no lo son todos los muertos, presentes y olvidados?... Si un hombre atravesara el Paraíso en un sueño, y le dieran una flor como prueba de que había estado allí, y si al despertar encontrara esa flor en su mano... ¿entonces, qué...? Realidad: cierto día la quebraron en mil pedazos, la cabeza fue a dar allá, la cola aquí, y nosotros no conocemos más que uno de los trozos desprendidos de su gran cuerpo.

Océano libre y ficticio, sólo real cuando se le aprisiona en un caracol.

"Hasta hace tres días, mi realidad lo era al grado de haberse borrado hoy: era movimiento reflejo, rutina, memoria, cartapacio. Y luego, como la tierra que un día tiembla para que recordemos su poder, o la muerte que llegará, recriminando mi olvido de toda la vida, se presenta otra realidad que sabíamos estaba allí, mostrenca, y que debe sacudirnos para hacerse viva y presente. Creía, nuevamente, que era imaginación: el Chac Mool, blando y elegante, había cambiado de color en una noche; amarillo, casi dorado, parecía indicarme que era un Dios, por ahora laxo, con las rodillas menos tensas que antes, con la sonrisa más benévola. Y ayer, por fin, un despertar sobresaltado, con esa seguridad espantosa de que hay dos respiraciones en la noche, de que en la oscuridad laten más pulsos que el propio. Sí, se escuchaban pasos en la escalera. Pesadilla. Vuelta a dormir... No sé cuánto tiempo pretendí dormir. Cuando volví a abrir los ojos, aún no amanecía. El cuarto olía a horror, a incienso y sangre. Con la mirada negra, recorrí la recámara, hasta detenerme en dos orificios de luz parpadeante, en dos flámulas crueles y amarillas.

"Casi sin aliento encendí la luz.

"Allí estaba Chac Mool, erguido, sonriente, ocre, con su barriga encarnada. Me paralizaban los dos ojillos, casi bizcos, muy pegados a la nariz triangular. Los dientes inferiores, mordiendo el labio superior, inmóviles; sólo el brillo del casquetón cuadrado sobre la cabeza anormalmente voluminosa, delataba vida. Chac Mool avanzó hacia la cama; entonces empezó a llover."

Recuerdo que a fines de agosto, Filiberto fue despedido de la Secretaría, con una recriminación pública del director, y rumores de locura y aun robo. Esto no lo creí. Sí vi unos oficios descabellados, preguntando al oficial mayor si el agua podía olerse, ofreciendo sus servicios al secretario de Recursos Hidráulicos para hacer llover en el desierto. No supe qué explicación darme; pensé que las lluvias excepcionalmente fuertes, de ese verano, lo habían enervado. O que alguna depresión moral debía producir la vida en aquel caserón antiguo, con la mitad de los cuartos bajo llave y empolvados, sin criados ni vida de familia. Los apuntes siguientes son de fines de septiembre:

"Chac Mool puede ser simpático cuando quiere... un glu-glu de agua embelesada... Sabe historias fantásticas sobre los monzones, las lluvias ecuatoriales, el castigo de los desiertos; cada planta arranca su paternidad mítica: el sauce, su hija descarriada; los lotos, sus mimados; su suegra: el cacto. Lo que no puedo tolerar es el olor, extrahumano, que emana de esa carne que no lo es, de las chanclas flamantes de ancianidad. Con risa estridente, el Chac Mool revela cómo fue descubierto por Le Plongeon, y puesto, físicamente, en contacto con hombres de otros símbolos. Su espíritu ha vivido en el cántaro y la tempestad, natural; otra cosa es su piedra, y haberla arrancado al escondite es artificial y cruel. Creo que nunca lo perdonará el Chac Mool. Él sabe de la inminencia del hecho estético.

"He debido proporcionarle sapolio para que se lave el estómago que el mercader le untó de *ketchup* al creerlo azteca. No pareció gustarle mi pregunta sobre su parentesco con Tláloc, y, cuando se enoja, sus dientes, de por sí repulsivos, se afilan y brillan. Los primeros días, bajó a dormir al sótano; desde ayer, en mi cama."

"Ha empezado la temporada seca. Ayer, desde la sala en que duermo ahora, comencé a oír los mismos lamentos roncos del

* Filiberto no explica en qué lengua se entendía con el Chac Mool.

principio, seguidos de ruidos terribles. Subí y entreabrí la puerta de la recámara: el Chac Mool estaba rompiendo las lámparas, los muebles; saltó hacia la puerta con las manos arañadas, y apenas pude cerrar e irme a esconder al baño... Luego bajó jadeante y pidió agua; todo el día tiene corriendo las llaves, no queda un centímetro seco en la casa. Tengo que dormir muy abrigado, y le he pedido no empapar la sala más."*

"El Chac Mool inundó hoy la sala. Exasperado, dije que lo iba a devolver a La Lagunilla. Tan terrible como su risilla —horrorosamente distinta a cualquier risa de hombre o animal— fue la bofetada que me dio, con ese brazo cargado de brazaletes pesados. Debo reconocerlo: soy su prisionero. Mi idea original era distinta: yo dominaría al Chac Mool, como se domina a un juguete; era, acaso, una prolongación de mi seguridad infantil; pero la niñez —¿quién lo dijo?— es fruto comido por los años, y yo no me he dado cuenta... Ha tomado mi ropa, y se pone las batas cuando empieza a brotarle musgo verde. El Chac Mool está acostumbrado a que se le obedezca, por siempre; yo, que nunca he debido mandar, sólo puedo doblegarme. Mientras no llueva —¿y su poder mágico?— vivirá colérico o irritable."

"Hoy descubrí que en las noches el Chac Mool sale de la casa. Siempre, al oscurecer, canta una canción chirriona y anciana, más vieja que el canto mismo. Luego, cesa. Toqué varias veces a su puerta, y cuando no me contestó, me atreví a entrar. La recámara, que no había vuelto a ver desde el día en que intentó atacarme la estatua, está en ruinas, y allí se concentra ese olor a incienso y sangre que ha permeado la casa. Pero detrás de la puerta, hay huesos: huesos de perros, de ratones y gatos. Esto es lo que roba en la noche el Chac Mool para sustentarse. Esto explica los ladridos espantosos de todas las madrugadas."

"Febrero, seco. Chac Mool vigila cada paso mío; ha hecho que telefonee a una fonda para que me traigan diariamente arroz con pollo. Pero lo sustraído de la oficina ya se va a acabar. Sucedió lo inevitable: desde el día primero, cortaron el agua y la luz por falta de pago. Pero Chac ha descubierto una fuente pública a dos cuadras de aquí; todos los días hago diez o doce viajes por agua, y él me observa desde la azotea. Dice que si intento huir me fulminará; también es Dios del Rayo. Lo que él no sabe es que estoy al tanto de sus correrías nocturnas... Como no hay luz, debo acostarme a las ocho. Ya debería estar acostumbrado al Chac Mool, pero hace poco, en la oscuridad, me topé con él en la escalera, sentí sus brazos helados, las escamas de su piel renovada, y quise gritar.

"Si no llueve pronto, el Chac Mool va a convertirse en piedra otra vez. He notado su dificultad reciente para moverse; a veces se reclina durante horas, paralizado, y parece ser, de nuevo, un ídolo. Pero estos reposos sólo le dan nuevas fuerzas para vejarme, arañarme como si pudiera arrancar algún líquido de mi carne. Ya no tienen lugar aquellos intermedios amables en que relataba viejos cuentos; creo notar un resentimiento concentrado. Ha habido otros indicios que me han puesto a pensar: se está acabando mi bodega; acaricia la seda de las batas; quiere que traiga una criada a la casa; me ha hecho enseñarle a usar jabón y lociones. Creo que el Chac Mool está cayendo en tentaciones humanas, incluso hay algo viejo en su cara que antes parecía eterna. Aquí puede estar mi salvación: si el Chac se humaniza, posiblemente todos sus siglos de vida se acumulen en un instante y caiga fulminado. Pero también, aquí, puede germinar mi muerte: el Chac no querrá que asista a su derrumbe, es posible que desee matarme.

"Hoy aprovecharé la excursión nocturna de Chac para huir. Me iré a Acapulco; veremos qué puede hacerse para adquirir trabajo, y esperar la muerte de Chac Mool; sí, se avecina; está canoso, abotagado. Necesito asolearme, nadar, recuperar fuerza. Me quedan cuatrocientos pesos. Iré a la pensión Müller, que es barata y cómoda. Que se adueñe de todo el Chac Mool: a ver cuánto dura sin mis baldes de agua."

Aquí termina el diario de Filiberto. No quise volver a pensar en su relato; dormí hasta Cuernavaca. De ahí a México pretendí dar coherencia al escrito, relacionarlo con exceso de trabajo, con algún motivo psicológico. Cuando a las nueve de la noche llegamos a la terminal, aún no podía concebir la locura de mi amigo. Contraté una camioneta para llevar el féretro a casa de Filiberto, y desde allí ordenar su entierro.

Antes de que pudiera introducir la llave en la cerradura, la puerta se abrió. Apareció un indio amarillo, en bata de casa, con bufanda. Su aspecto no podía ser más repulsivo; despedía un olor a loción barata; su cara, polveada, quería cubrir las arrugas; tenía la boca embarrada de lápiz labial mal aplicado, y el pelo daba la impresión de estar teñido.

—Perdone... no sabía que Filiberto hubiera...

—No importa; lo sé todo. Dígale a los hombres que lleven el cadáver al sótano.

La historia según Pao Cheng

Salvador Elizondo

En un día de verano, hace más de tres mil quinientos años, el
filósofo Pao Cheng[1] se sentó a la orilla de un arroyo a adivinar
su destino en el caparazón de una tortuga. El calor y el murmullo del agua pronto hicieron, sin embargo, vagar sus pensamientos y olvidándose poco a poco de las manchas del carey,
Pao Cheng comenzó a inferir la historia del mundo a partir de
ese momento: "Como las ondas de este arroyuelo, así corre el
tiempo. Este pequeño cauce crece conforme fluye, pronto se
convierte en un caudal hasta que desemboca en el mar, cruza el
océano, asciende en forma de vapor hacia las nubes, vuelve a caer
sobre la montaña con la lluvia y baja, finalmente, otra vez convertido en el mismo arroyo..." Éste era, más o menos, el curso
de su pensamiento y así, después de haber intuido la redondez de
la tierra, su movimiento en torno al sol, la traslación de los
demás astros y la propia rotación de la galaxia y del mundo,
"¡Bah! —exclamó—, este modo de pensar me aleja de la Tierra
de Han y de sus hombres que son el centro inamovible y el eje
en torno al que giran todas las humanidades que en él habi-
tan..." Y pensando nuevamente en el hombre, Pao Cheng

---

[1] *Pao Cheng*: juez legendario de la dinastía Sung, célebre por llevar a juicio
al influyente erudito Chen Shih-mei por intento de asesinato. Chen Shih-mei
había tratado de matar a su esposa e hijos para casarse con una integrante de
la familia real.

pensó en la historia. Desentrañó, como si estuvieran escritos en el caparazón de la tortuga, los grandes acontecimientos futuros, las guerras, las migraciones, las pestes y las epopeyas de todos los pueblos a lo largo de varios milenios. Ante los ojos de su imaginación caían las grandes naciones y nacían las pequeñas que después se hacían grandes y poderosas antes de ser abatidas a su vez. Surgieron también todas las razas y las ciudades habitadas por ellas que se alzaban un instante majestuosas y luego caían por tierra para confundirse con la ruina y la escoria de innumerables generaciones. Una de estas ciudades entre todas las que existían en ese futuro imaginado por Pao Cheng llamó poderosamente su atención y su divagación se hizo más precisa en cuanto a los detalles que la componían, como si en ella estuviera encerrado un enigma relacionado con su persona. Aguzó su mirada interior y trató de penetrar en los resquicios de esa topografía increada. La fuerza de su imaginación era tal que se sentía caminar por sus calles, levantando la vista azorado ante la grandeza de las construcciones y la belleza de los monumentos. Largo rato paseó Pao Cheng por aquella ciudad mezclándose a los hombres ataviados con extrañas vestiduras y que hablaban una lengua lentísima, incomprensible, hasta que de pronto se detuvo ante una casa en cuya fachada parecían estar inscritos los signos indescifrables de un misterio que lo atraía irresistiblemente. A través de una de las ventanas pudo vislumbrar a un hombre que estaba escribiendo. En ese mismo momento Pao Cheng sintió que allí se dirimía una cuestión que lo atañía íntimamente. Cerró los ojos y acariciándose la frente perlada de sudor con las puntas de sus dedos alargados trató de penetrar, con el pensamiento, en el interior de la habitación en la que el hombre estaba escribiendo. Se elevó volando del pavimento y su imaginación traspuso el reborde de la ventana que estaba abierta y por la que se colaba una ráfaga fresca que hacía temblar las cuartillas, cubiertas de incomprensibles caracteres, que yacían sobre la mesa. Pao Cheng se acercó cautelosamente al hombre y miró por encima de sus hombros, conteniendo la respiración para que éste no notara su presencia. El hombre no lo hubiera notado pues parecía absorto en su tarea de cubrir aquellas hojas de papel con esos signos cuyo contenido todavía escapaba al entendimiento de Pao Cheng. De vez en cuando el hombre se detenía, miraba pensativo por la ventana, aspiraba un pequeño cilindro blanco que ardía en un extremo y arrojaba una bocanada de humo azulado por la boca y por las narices, luego volvía a escribir. Pao Cheng miró las cuartillas terminadas que yacían en desorden sobre un extremo de la mesa y conforme pudo ir descifrando el significado de las palabras que estaban escritas en ellas su rostro se fue nublando y un escalofrío de terror cruzó, como la reptación de una serpiente venenosa, el fondo de su cuerpo. "Este hombre está escribiendo un cuento", se dijo. Pao Cheng volvió a leer las palabras escritas sobre las cuartillas. "El cuento se llama *La historia según Pao Cheng* y trata de un filósofo de la antigüedad que un día se sentó a la orilla de un arroyo y se puso a pensar en… ¡Luego yo soy un recuerdo de ese hombre y si ese hombre me olvida moriré!…"

El hombre, no bien había escrito sobre el papel las palabras "… si ese hombre me olvida moriré", se detuvo, volvió a aspirar el cigarrillo y mientras dejaba escapar el humo por la boca su mirada se ensombreció como si ante él cruzara una nube cargada de lluvia. Comprendió, en ese momento, que se había condenado a sí mismo, para toda la eternidad, a seguir escribiendo la historia de Pao Cheng, pues si su personaje era olvidado y moría, él, que no era más que un pensamiento de Pao Cheng, también desaparecería.

La noche de Margaret Rose

Francisco Tario

Decía la carta, escrita poco menos que ilegiblemente:

X. X Esq.,
97 Cromwell Road.
Londres S. W. 7.

Margaret Lane Rose, inglesa, de 28 años, casada con un multimillonario yanqui, lo invita a usted muy íntimamente a jugar al
ajedrez el sábado en la noche.

Y al pie, con caracteres de imprenta, aparecía una serie de indicaciones muy minuciosas referentes a la situación exacta de la
finca, sobre la ruta de Brighton, a unos veinticinco kilómetros
de la costa.

Margaret Lane Rose, en mis borrosos recuerdos, se reducía exclusivamente a esto: a una chiquilla muy pálida, etérea, vestida
de verde y que jugaba al ajedrez admirablemente.

Escarbando en la memoria, logré, no obstante, reconstruir
más tarde determinados pormenores.

Nos conocimos en Roma —no acierto a precisar con ocasión de qué sencillo incidente— en la iglesia de San Sebastián,
momentos antes de descender a las catacumbas. La acompañaba,

creo, una institutriz francesa, présbita o algo por el estilo, y la chiquilla debía contar por aquel entonces diecisiete o dieciocho años. Recuerdo con singular perfección, por cierto, la figura de ella en el antro subterráneo, un poco adelante de mí, portando la misteriosa vela encendida, y cuyos reflejos azules o grises temblaban sobre su cabellera negra como una lengua de fuego sobre cualquier superficie húmeda. Resultaba indescriptiblemente sugestivo el contraste de los dos personajes que precedían: el guía —un carmelita de cabellos rizosos y nariz aguileña— y aquella espiritual muchacha, silenciosa, tímida, frecuentemente suspirante, que caminaba altivamente por entre las fosas abiertas y los cráneos diseminados.

Tres veces más nos encontramos. Una, fortuitamente, en el Foro Romano, y las restantes, de común acuerdo, en su propio hotel —¿Hotel Londres?— acompañada de sus familiares. (No recuerdo en qué número, pero tres probablemente.) Durante estas dos últimas entrevistas me fue dado comprobar con natural sorpresa la habilidad poco común de la joven para jugar al ajedrez. Creo que no logré ganarle una sola partida.

Ya a punto de despedirnos la última noche —ellos zarpaban de Nápoles próximamente— recuerdo muy bien que me dijo:

—Pronto, muy pronto, Mr. X, se olvidará usted de Margaret Rose...

Esto no tiene mayor importancia y lo habría olvidado sin lugar a dudas, a no ser por lo que ocurrió a continuación.

Nos hallábamos ambos en la sala de lectura del hotel, sentados ante una mesita cuadrada, con mi rey en jaque mate, cuando la joven tendió su mano sobre el tablero y añadió compungidamente:

—¿Por qué es tan ingrata la gente, Mr. X?

Yo aduje no sé qué falso y estúpido razonamiento, pretendiendo disuadirla de tan amarga verdad, mas contra lo que podría esperarse, su reacción fue de lo más inusitado. Retiró el brazo lentamente, palideció de un modo angustioso, clavó en mí sus ojos febriles y balbució con un acento, diré de justo sonambulismo:

—Está bien. Sí, no nos volveremos a ver más...

Acto seguido se cubrió el rostro con las manos y rompió a llorar desconsoladamente.

Apareció la dama francesa, y he aquí lo más singular del caso. Lejos de mostrarse sorprendida o alarmada, se aproximó silenciosamente a la chiquilla, la ayudó a incorporarse ofreciéndole la mano y procedió a secar sus lágrimas, según se hace con una criatura. Entonces, dirigiéndose a mí, con la gravedad más embarazosa, suplicó:

—Disculpe usted, caballero. Creo que le será fácil comprender.

Las vi alejarse rumbo al vestíbulo y nunca más volví a ver a Miss Margaret Rose.

Yo regresé a América, y veinte días después de mi llegada a Nueva York recibí inesperadamente una tarjeta postal desde Londres. Margaret Rose me recordaba, "agradeciendo infinitamente los excelentes ratos que le había deparado en Italia".

Ésta, su imprevista y extraña misiva de hoy, es, a partir de aquella fecha, la primera noticia suya.

¡Cuán sensacional e insospechada es a pesar de todo la vida!

A mis cincuenta años, con el cabello blanco y roído el espíritu por un sinfín de achaques físicos y morales, me satisface plenamente percatarme de las reservas de optimismo y vigor que aún conservo bajo estos huesos. No es común ni mucho menos que un hombre en semejantes condiciones logre hallar algo realmente interesante o atractivo en las sencillas y melancólicas cosas que nos rodean. El amor, la perfecta salud física, la avidez por tanto placer ignorado, exageran las bellezas existentes. Un día azul y cálido nos exalta; una luna redonda y limpia nos conmueve; sentimos, como parte de nuestra circulación sanguínea, el flujo y reflujo de la marea; la música nos arranca lágrimas o gritos de insensato júbilo; el alcohol remueve nuestros más profundos instintos; la noche nos place por obscura y propicia; el día, por luminoso y alegre. Y ese vibrar de nuestros músculos, ese estampido continuo de nuestro corazón, esa hambre insaciable de todas nuestras potencias físicas e intelectuales, dotan a la realidad de un ropaje opulento de lozanía, transparencia y ardor. De un ropaje que, por desdicha, va destiñéndose lamentablemente a medida que el tiempo avanza, hasta que definitivamente, inexorablemente, como una bella tarde que concluye o un cacharro que se rompe, nos encontramos rodeados de una inanición, una frialdad y unas espantosas tinieblas.

A través de la ventanilla del ferrocarril, contemplo ahora el campo fecundado por los transportes de la primavera. Una dulce y variable brisa mece los juncos, los tallos vivos de las flores, las ramas irisadas de los árboles, la ropa blanca puesta a secar sobre las piedras de los corrales. Pasta o abreva el ganado, sumergidas sus pezuñas en el corazón húmedo de la hierba. Cruzan ligeras y alegres las golondrinas, chillando estridentemente. Los arroyos tiemblan con un temblor divinamente musical y tierno. El humo azul o pardo del carbón se tiende alto, alto, bajo el firmamento metálico, desgarrándose en fragmentos —nubes sin coordinación, inconsistentes, absorbidas fatalmente por esa inmensidad solemne y luminosa.

Y yo experimento, en virtud de estos nada sensacionales y siempre repetidos acontecimientos, una impresión de impaciencia que recuerda la del sediento frente a un manantial de agua pura y susurrante. Como un genuino adolescente o un ser que jamás ha rebasado los linderos de sus comarcas, presto una atención desmedida a cuanto se desarrolla a mi alrededor. Lógico sería, no obstante, que tras recorrer la mitad del mundo y presenciar —y sufrir también— hechos por demás dolorosos, esta campiña inglesa tan lisa, tan insubstancial, tan flemática, me impulsara a desdoblar el diario y apartar mi vista de lo que mi vista ha contemplado innúmeras veces. Pero lejos de ser así, miro al sol bajar, bajar allá en el horizonte, y en mi interior algo también desciende, se ensombrece, calla, y temo —algún día necesariamente ha de ser— que fenezca.

Tal noción de lo inevitable y la luz que se va extinguiendo ocasionan, como de costumbre, que mi ánimo decline y mis pensamientos sean más densos.

Tiro, pues, de la cortinilla, y en el solitario compartimiento del *express* me entrego a otro género de reflexiones.

Margaret Rose... Margaret Rose... ¡Cuán lejano y obscuro se me representa aquel encuentro! Como si hubieran caído otros diez años a partir del día en que recibí su última carta, escasamente logro ahora revivir el más insignificante detalle. Sin embargo, no he dejado de pensar en todo ello durante los últimos días; no he cejado, hasta obtener de mi memoria una información conveniente. Y repito, hoy, ahora más intensamente que nunca, la existencia y proximidad de semejante mujer se me antoja absurda.

Leo y releo su incomprensible mensaje, que conservo en el bolsillo.

Margaret Rose... Cierro los ojos, con objeto de acoplar bien sus rasgos fisonómicos y, en cambio, evoco intempestivamente un ademán suyo, olvidado por completo: aquel de extender su mano fina y blanca hacia una pieza del ajedrez, tocarla después por la punta y hacerla al fin deslizarse sobre el tablero con un movimiento raudamente misterioso... Margaret

Rose… singular y extraña criatura, siempre vestida de verde, a quien veo ahora reclinada contra un árbol, exhausta, sofocada por el tórrido sol italiano, observando cuanto la rodea con una expresión peculiar de insensibilidad o desconfianza… Margaret Rose… en la actualidad casada con un multimillonario yanqui…

El tren da una brusca sacudida, se detiene ruidosamente, y cruzan por el pasillo en ese instante gran número de viajeros con su exiguo equipaje en la mano.

… ¿Una chocante aventura de amor? ¿Un candoroso e inocente rapto de sentimentalismo? ¿Una excentricidad, entre infantil y enfermiza, de una mujer rica y joven que se aburre? ¿Un propósito secreto, una necesidad urgente y grave de ayuda, insoluble para mí, pero angustiosa e intransferible para ella? ¿Un chantaje? ¿Una cobarde venganza de mis numerosos enemigos…?

Cuando echo pie a tierra, un hombrecillo azafranado se me acerca en el andén de la estación e inquiere mi nombre. Tan luego me identifica toma mi maleta decididamente, invitándome con un gesto a seguirlo. Él delante, yo detrás, cruzamos la sala de espera, descendemos unos peldaños negruzcos y llegamos hasta un espléndido carruaje tirado por un magnífico tronco de caballos blancos.

De la oscuridad total de la noche emergen a ambos lados del camino aisladas luces muy débiles, a cuyo resplandor, sin embargo, el follaje adquiere una vivacidad submarina y misteriosa. Los caballos, en pleno galope, se internan por regiones profundas, inusitadamente sombrías, y cuyo murmullo es en extremo agradable. Las curvas son numerosas, a veces muy pronunciadas, y yo tengo que asirme fuertemente del vehículo a fin de no salir despedido. Percibo, casi a intervalos iguales, el golpe del látigo en el aire. Croan las ranas en un próximo estanque que adivino, desaparecen ocasionalmente los faroles, los caballos aceleran su marcha y, arriba, un puñado de insignificantes estrellas tiembla sobre el cielo cárdeno y compacto.

De pronto, las luces de una casa que a simple vista me parece gigantesca se destacan sobre las copas de los árboles, a regular distancia. Nos detenemos frente a una gran verja, cubierta a tramos por floridas y exuberantes enredaderas. En el edificio —simultáneamente a nuestra llegada— se van apagando las luces, hasta quedar una sola ventana iluminada en la planta alta. Se apea el cochero y yo lo imito, disponiéndome a seguirlo. Enciende una lamparilla eléctrica. Durante diez minutos, más o menos, bordeamos la enorme huerta, bajo una imponente masa de fronda que el viento arrulla blandamente. Una pequeña puerta ojival, empotrada en el espeso muro a manera de cripta, parece ser de momento nuestro destino. Mi acompañante posa la maleta, extrae una llave del bolsillo, introduce ésta en la cerradura y la puerta cede, no sin cierta resistencia. En el interior la luz es escasa, algo amarillenta y titubeante. Ascendemos a tientas a lo largo de una empinada escalera de caracol que trepa hacia las tinieblas. Las paredes desnudas, la ausencia total de mobiliario y cierto olor penetrante a guisos y especias, me advierten que nos hallamos en la zona de servicio. Empero, no se escucha ruido o voz alguna, cual si la casa estuviese deshabitada o todos sus moradores durmieran.

Ya arriba, cruzamos un vasto corredor de piedra, que cubre raída alfombra escarlata. Otra puerta que franqueamos. Un pequeño recibidor, totalmente a obscuras, y una puerta más, contra la cual el cochero golpea enérgicamente. Pretendo, a un tiempo, hacer aceptar a éste una propina, dando por terminado mi viaje, pero él rehúsa una vez y otra. Desaparece al cabo con mi equipaje y yo distingo los pasos blandos de alguien que se aproxima en la silenciosa estancia. La puerta, en efecto, se abre, y me encuentro de manos a boca con Margaret Lane Rose en persona.

Margaret Rose —ahora sí recuerdo— exactamente igual a como la conocí hace diez años. Igual de lánguida, de pálida, tal vez un poco más frágil, con sus dos ojos negros, fenomenales —¡no sé cómo haberlos llegado a olvidar tan fácilmente!—, y su cabellera negra, lacia, recogida sobre la nuca.

Permanecemos en pie uno frente a otro, en silencio, mirándonos atentamente. Ella esboza una sonrisa y yo, sin explicarme la causa, no encuentro nada oportuno que decir. Lo intento en vano repetidas veces.

—Margaret... —articulo al cabo trabajosamente.

Muy grave, muy aérea, con su bata verde hasta los tobillos, cierra la puerta con llave y me muestra un asiento.

Ocupo el sillón, exageradamente mullido y amplio, del cual emerge mi tronco como el de un exiguo arbusto en una gran zanja. Se sienta ella frente a mí, con una extraña impasibilidad en el rostro. Nos separa una mesita de ajedrez con las piezas listas. Arde —no sé por qué razón en primavera— un fuego gigantesco en la chimenea de piedra. El salón parece inmenso, dando la impresión de hallarse vacío.

—Margaret... —prorrumpo de nuevo; y mi voz es tan lejana que me sorprendo de ser yo mismo quien esté hablando—. ¿Es todo esto acaso un sueño?

Ella sonríe, fijas, fijas sus fenomenales pupilas en mí.

—¿Es esto un sueño? —repito instintivamente, tratando de provocar otra vez aquel terrible eco que se escurre por los muros casi corpóreo.

Ríe y no habla, tal vez complacida de mi turbación.

Y en efecto: una desazón agudísima, completamente indescifrable, vase apoderando de mí a cada minuto que transcurre. Una sensación por demás extraña, ni de incomodidad o angustia, ni de ansiedad o sobresalto, ni de pavor o desconfianza, sino propiamente de vacío, de inestabilidad o ausencia, como si mi personalidad, pongo por caso, fuese anulada gradualmente por otra personalidad intrusa que ocupara su lugar. Bien como al despertar de un sueño, bien como al entrar en él...

—Margaret —insisto; y del techo se desploma una voz que no es la mía—: "Margareeeet".

Continúo:

—No sé de qué singular impresión he sido víctima al penetrar en este lugar y encontrarme con usted de nuevo. ¡Discúlpeme! Cuando recibí su carta, hace apenas unos días, me sentí poseído por un vivo afán de recordar, recordar juntos y libremente aquellos lejanos momentos de Italia. Pero ahora, vistas sensatamente las cosas, no sé si deba reprocharme el haber acudido a la cita. No es prudente ser irreflexivo y considero haberlo sido esta vez de sobra...

Ríe, ríe ella; mostrando sus dientes pequeños, cuadrados. Y la risa le agita el cuerpo y se estrella después contra los muros, con un sonido semejante al que produce el granizo golpeando un tejado de lámina.

—No, no es prudente lo que hemos hecho...

No cesa de reír, tapándose el rostro con ambas manos, y estoy a punto de saltar sobre ella para hacer cesar de una vez por todas aquella risa.

—¿Se burla usted de mí? —exclamo reprimiéndome, pero comprendiendo ya que algo más grave y siniestro se esconde tras de aquellos labios convulsos.

Ríe, ríe y me mira, un poco ladeada la cabeza.

—¿Es para esto, Margaret Rose, es para esto para lo que usted me ha hecho venir a su casa? ¿Es para esto...?

Una sobreexcitación inaudita se ha apoderado ya de mí. No acierto a coordinar bien mis reflexiones y mucho menos a buscar un medio juicioso de acallar aquella risa que, penetrándome por los oídos, se derrumba en las tinieblas de mi cuerpo resquebrajándome los nervios.

—¡Basta, basta ya, Margaret! —suplico incorporándome, aunque sin decidirme a ir hasta ella—. Es posible que se halle usted fatigada, un poco enferma... Convendría que se retirara a descansar, ¿le parece? ¡Le prometo volver en cuanto usted me lo indique!

Ríe ahora más escandalosamente, examinándome de arriba abajo. Ríe, y aquella catarata de risa que amenaza con no terminar nunca le ha sonrojado levemente las mejillas y llenado de lágrimas los ojos. Ríe, y en la lóbrega intimidad de la estancia aquella boca abierta, crispada, se ilumina intermitentemente con el fulgor de las llamas. Ríe, ríe, mientras me apresto a salir, encaminándome hacia la puerta. Pero de pronto calla. Y un silencio desmesurado, sobrenatural, se extiende en torno mío; un silencio no semejante a ningún otro, que me hace detenerme. Vuelvo el rostro, temiendo encontrarme con un cuerpo exánime sobre la alfombra y me hallo, en cambio, con un semblante hierático, frío, perfectamente inmóvil, sobre un cuello erizado y firme como la punta de una roca. Nos miramos desconfiadamente, tal vez asustados de nosotros mismos. Permanecemos así largo rato, yo al extremo opuesto de la estancia. El silencio o mi sangre zumba. Llamean los leños.

Y, maquinalmente, como si aquella extraña personalidad a que he aludido antes actuara ahora sobre mis músculos, hasta tal punto que todo intento de defensa es vano, giro en redondo, vuelvo sobre mis pasos, torno al sillón, y me siento.

Enorme, profundo y alucinante es el silencio que reina.

Pero Margaret Rose echa atrás la cabeza, entrecierra un poco sus fenomenales ojos y musita con una languidez malsana, moviendo rítmicamente los labios:

—¡Esta estúpida risa!

Suspira.

—¡Es horrible esta risa, Mr. X! ¡Horrible horrible esta risa que no sé de dónde me brota...!

Yace inmóvil, con una visible expresión de tristeza, en un completo abandono, dejando fluir las palabras, dulces, acariciantes, dolorosas.

—Horrible horrible, porque en las noches, cuando todos duermen y nadie escucha, la risa anda por ahí suelta, golpeándose contra las puertas siempre cerradas. ¡También son horribles las puertas cerradas, Mr. X!

No sé qué especie de fascinación emana de su rostro, ahora extático.

—Contra una puerta cerrada uno llama ansiosamente y nadie abre... Contra una puerta cerrada no queda nada qué hacer: sólo reír, reír, y la risa es un tormento. ¡Mas ni aún así se abre! Podemos dejar allí nuestras entrañas, caer sin sentido o volvernos locos, y no hay una sola mano que empuje la puerta... ¿No es esto detestable, Mr. X?

Más y más su inmovilidad se intensifica, y su mirada se pierde en la bóveda invisible, y sus palabras brotan enervantes, demasiado lentas, como un veneno mortífero aunque de sabor extraordinariamente exquisito.

—¡Esta maldita risa!

Otra vez el silencio insufrible.

Y una idea pavorosa, incomprensiblemente olvidada, se ilumina en mi cerebro. Una idea de cuya naturaleza no había tenido hasta ahora el menor atisbo y que me deja paralizado allí sobre el asiento, en estado poco menos que inconsciente.

"Margaret Lane Rose había fallecido hace tiempo."

¿Cuánto? No puedo aclararlo en tan espantosos momentos, pero la certeza de tal hecho no ofrece lugar a dudas. Tal vez cinco años, seis... ¿Acaso no recuerdo muy distintamente el momento preciso de recibir la noticia? Un diario en el club, cierta noche…

—¡Margaret! —exclamo incorporándome bruscamente, con un temblor irreprimible en los labios—. ¡Margaret! ¿Es cierto?

Debió sobrecogerla mi voz, el sudor que me arroyaba por las sienes, mi expresión indudablemente diabólica, porque su actitud es por completo distinta a la adoptada hasta ahora. Se incorpora también, avanza sin ruido —como un verdadero fantasma— y muy próxima a mí, hasta hacerme sentir la tibieza de su aliento, pregunta:

—Mr. X, ¿qué le ocurre? ¿Se siente usted enfermo? ¡Oh, tranquilícese!

—¡Margaret! ¡Margaret! —prorrumpo retrocediendo, tratando de evitar a toda costa el menor contacto con aquel ser abominable—. ¡Dígame la verdad, es preciso!

—¿La verdad? —sonríe muy tristemente y, ante mi creciente anonadamiento, reclina con suavidad su cabeza en mi hombro—. La verdad, Mr. X, es que soy muy desdichada…

Prosigue:

—¡He pensado en usted como no puede imaginarse! —y dos lentas y amargas lágrimas le arroyan hasta los labios, se le desprenden del rostro y saltan sobre mi hombro—. ¡Mi vida pudo haber sido tan distinta…! Pero era aún una chiquilla, ¿me recuerda usted bien? No tuve valor. ¡Oh! Si aquella misma tarde la tierra se hubiera desplomado y todo hubiese concluido en un segundo habría sido mejor…

Llora, llora, y ambos, de pie junto a la lámpara encendida, no somos sino dos seres absurdos, especie de ilusiones, cuya presencia habría sobrecogido al ánimo más templado de la tierra.

—¡Algún día si usted gusta le haré mis confesiones y usted

se horrorizará! ¡Qué terrible, oh, qué terrible y espantoso ha sido todo!

Mira con inquietud repentina a todos lados, como temiendo que esté por presentarse aquello de lo que tan desesperadamente habla.

—Cuando subíamos de las catacumbas, sobre el último peldaño de la escalera, usted me ofreció su mano. Era ya dentro de la iglesia... El carmelita aguardaba... *Mademoiselle* Fournier se había quedado un poco atrás... Yo dije: "Lléveme con usted para siempre, se lo ruego". Era mi salvación, la única oportunidad de ser realmente libre. Pero el miedo ahogó mi voz y usted no me oyó, Mr. X. Ni al día siguiente, ni después, volví a atreverme; no, no me atreví. ¡Y el drama no tuvo remedio!

Sus cabellos fríos rozándome el rostro y el temblor convulso de sus brazos alrededor de mi cuello son las dos únicas cosas que percibo con mediana realidad. El resto: aquella voz melodiosa y titubeante; el fuego que vomita la chimenea; los muros altos y ennegrecidos; los muebles en las sombras; las lágrimas ya frías sobre mi carne... son testigos confusos y horripilantes del dolor de una mujer infame que sufre sobrehumanamente, con dolores nada parecidos a los de los hombres.

—¡El drama no tuvo remedio! ¡El drama no tuvo remedio! —insiste ciñéndose a mí.

Y otra voz en las alturas, por encima de la gran araña en penumbra, repite melancólicamente: "¡El drama no tuvo remedio!"

Criatura inconsolable, infinitamente desdichada, víctima tal vez de algún tormento monstruoso y secreto, Margaret Rose vacía su alma en mi alma; y yo, progresivamente, sin esperanza, inevitablemente, como un moribundo en su sopor, voy abandonándome al éxtasis, a cierta especie de ebriedad espiritual —no sé si inconsciente o tácita— y a un desmoronamiento físico, típicamente agónico. No obstante, mediante un segundo de lucidez intensísima capaz de iluminar el cerebro de todos los hombres, logro substraerme al hechizo de aquella voz de ultratumba y me desprendo de la mujer con violencia. La arrojo contra el asiento. Cae ella del primer golpe, su débil cuerpo enrollado como un trozo de serpentina. Negros, fenomenales los ojos, fijos en mí sin expresión alguna.

Puedo gritar:

—¡Estás muerta! ¡Estás muerta! ¡No oses moverte más porque estás muerta!

Y ella calla, infinitamente triste, mirándome bien a los ojos, con una mirada tan semejante a la de un perro, que me estremezco.

—¡Estás muerta! ¡Estás muerta! —continúo gritando—. ¡Aparta, porque estás muerta!

De pie, bajo el invisible techo, pregoné mil veces creo durante la noche entera la verdad pavorosa y escalofriante. Y creo también que, durante todo ese tiempo, sus ojos no pestañearon o se movieron, fijos, fijos en mí, fenomenales y negros.

—¡Estás muerta! ¡Estás muerta!

Debió ser un rapto de locura mutua, no sé.

A poco, Margaret Rose tendía graciosamente su mano blanca y larga hacia un alfil del tablero y, haciéndole deslizar por entre las demás piezas, balbucía tiernamente, con su voz cálida y tranquila:

—Jaque mate.

De nuevo me derrotaba, y de nuevo iniciábamos otra partida.

—Jaque mate —otra vez.

Así repetidas veces.

—¡Oh, Margaret Rose! Juega usted admirablemente.

Y el humo de nuestros dos cigarrillos se mezclaba en la atmósfera pesada, ascendía hasta el techo, formaba bellas nubes ondulantes y se perdía, perfumado y alegre, en las dulces sombras nocturnas. Y reíamos confiadamente, y evocaba ella con frases interrumpidas tantas y tantas olvidadas reminiscencias: el carmelita austero, de espesos cabellos ensortijados, que pronunciaba el inglés con cierta entonación sollozante; los pinos lánguidos y solitarios de la Vía Apia, semejantes, en los atardeceres romanos, a largas copas de zafiro, rebosantes de un vino denso y escarlata; el Pincio, con sus fuentes espumosas; Santa María la Mayor, San Pietro in Vincoli; el Trevi, el Foro, las negras rejas de encaje... Y las piezas se deslizaban sobre el tablero, gemía muy dulcemente la brisa, asomaba a intervalos la luna, y un bienestar casi voluptuoso me recorría las venas.

No, no logré derrotarla.

—Admirablemente, admirable... —exclamo al fin, dándome por vencido.

Mas, inopinadamente —clarea ya el alba—, Margaret Rose me mira aterrada, pálida como un trozo de mármol. Sus ojos rebasan las órbitas, sus brazos tiemblan convulsamente. No sé qué dentro de ella, como un pájaro endemoniado, comienza a despertar y manifestarse. Chasca los dientes, gime, contrae los músculos del cuello, trata de apartar la mesa con sus piernas rígidas, se endereza un poco, ríe, y, al cabo, lanza un pavoroso grito, increíblemente prolongado, que recorre la estancia y después huye por la casa. Fijos, fijos en mí sus fenomenales ojos, parecen no lograr desasirse de algo que los cautiva, que los subyuga, que los espanta y los somete irresistiblemente. Me pongo en pie, sobresaltado, comprendiendo que algo muy grave sucede. La llamo inútilmente por su nombre; la sacudo por los hombros; fríos, fríos están sus brazos y cubierta de sudor su frente...

Ha transcurrido el tiempo y aún aquel grito se enrosca afuera entre los árboles.

—¡Margaret! ¡Margaret Rose! —imploro.

Y los ojos fijos, irracionales.

—¡Margaret Rose!

Suenan pasos cercanos y una puerta se abre. De la penumbra, no sé a través de qué cortinajes o sombras, emerge un hombre en pijama, alto, joven, atlético. Viene descalzo y con los cabellos enmarañados sobre la frente. Justamente conturbado, no repara en mí. Por el contrario, cruza a mi lado a toda prisa, en dirección a la joven. La acaricia, la besa, le ordena unos cabellos sueltos tras de la oreja. Se sienta sobre el brazo del sillón.

—Margaret Rose... Mi pobre Margaret Rose... —le dice persuasiva, doloridamente, pasándole sin cesar la mano por la frente.

—¡Caballero! —me decido a exclamar, con un febril estremecimiento en los párpados.

Mas el hombre continúa sin advertirme, acariciando aquel exangüe y sudoroso cuerpo.

—Margaret Rose, anda a dormir, criatura... Otro día jugarás al ajedrez, ¿te parece? Margaret Rose, obedéceme...

—¡Caballero! —grito por segunda vez, con todas mis fuerzas—. ¡Caballero!

Margaret Rose abre suavemente los ojos y, al verme de pie frente a ella, torna a gritar tan frenéticamente como antes, señalándome con un dedo.

—¡James! ¡Ahí esta, ahí...! ¡Míralo!

Y se desploma sin sentido.

Su marido mira hacia donde yo estoy —rozándole casi la espalda— y mueve tristemente la cabeza. Luego, con su esposa en brazos, cruza a mi lado misteriosamente. Así los veo desaparecer, lúgubres, silenciosos, lentos, por entre los cortinajes rojos...

Y yo descubro, alarmado, que no soy ya sino un melancólico y horripilante fantasma.

PAISAJES DE REALIDAD
MEXICANA

La llovizna

JUAN DE LA CABADA

Desde hace algún tiempo, desde que me enriquecí con la dichosa guerra mundial y me casé y vinieron los hijos, no puedo ya contar un cuento. Antes solía contarlos bien. ¡Ay, entonces era libre! Ahora, en cambio: ¡los hijos! ¡Miedo me da que cunda el mal ejemplo! ¿Por qué no acierto a decidirme? Quizá porque los negocios me acostumbraron a los testimonios del señor cura, del notario, de un juez o de cualquier otra persona. "Ahí está don fulano que lo diga."

Empero, solo, sin testigos, venía yo una de estas noches de niebla y menuda llovizna, corriendo sobre la oscura carretera.

Sí: al timón de mi automóvil, fijos los ojos en los haces de luz que derramaban los fanales del vehículo, traía yo prisa y una rabia contenida, cierto temor inexplicable y muy malos pensamientos, al ver que las luces opacas de unas linternas, como de gentes que con sus manos las moviesen a todo lo ancho del camino, me obstruían el paso.

Ni pitos ni sirenas, ni voces que denotaran el hecho de que acabase de ocurrir un accidente desgraciado. "¿No será que tratan de asaltarme? ¿Y quién dice que sean solamente ésos? Habrán de tener cómplices, ocultos a lado y lado. Entonces, entonces… si no paro y los atropello, me disparan los otros por la espalda. Pero, ¡qué demontre!, si aquí traigo cargado mi revólver.

¿A qué, pues, miedo y tales aflicciones? Alguna vez tengo que usarlo", pensé; apronté el arma, y paré el auto.

—¡Qué hay! —dije brusco y en voz alta.

Los de las linternas se acercaron.

Me parecieron cuatro infelices indios, de esos que uno en seguida reconoce como el prototipo de nuestros albañiles, mitad obreros industriales y mitad hombres de campo.

A la luz de mis reflectores vi los ocho guaraches de sus pies, mientras se aproximaban. El resto de sus indumentarias eran overoles azules, sombreros de petate y un paliacate colorado al cuello.

—¿Qué hubo? —volví a gritarles.

Entretanto llegaban, con sus linternas en alto, me guardé la pistola debajo de la pretina del pantalón, y para ganar facilidad de movimiento a la hora aviada, desabroché los tres botones inferiores de mi chaleco, prevenido, por si acaso.

—¿Qué hubo? —volví a gritarles cuando los tuve cerca y pude verles las caras.

Uno de ellos, el de mayor edad, ya vejancón, usaba grandes bigotes caídos; dos aparentaban unos treinta años, y el último, el más joven, menos de veinte.

—Patrón —dijo el viejo—, tenemos de precisión que dir a México, porque debemos dentrar tempranito, mañana lunes, al trabajo.

¿Acaso me olvidé? ¿No dije al comienzo que aquella noche de marzo, cuando regresaba de reponer las fuerzas con mi paseo de fin de semana, era la de un domingo? Creo que sí, ¿o no?

A las palabras del viejo, ardido yo por el miedo que me habían hecho pasar y animado de un puntilloso, muy lógico, deseo de venganza, modulé ciertos ruiditos de chistante desdén al par que meneaba en igual manera de significación negativa la cabeza.

—Se nos hizo tarde, jefe —agregó uno de los otros indios.

Era bueno tomarse tiempo de pensar, a la vez que atormentarlos un poco, y así, yo ni aceptaba ni decidía negarme de palabra.

—Por favor, patrón, como ya no pasan los camiones... y como usted lleva nuestro mismo rumbo.

Intervino el más joven:

—Sólo semos albañiles... —y sonrió, inocente, o malicioso en alusión velada.

Observé su vista socarrona en un rostro demasiado perspicaz, y tan claro fue para mí lo que insinuaba, que negar me sería como demostrar señales de aquel miedo y rebajarme. ¡Y esto no!

—¡Acomódense ustedes tres en el asiento de atrás! —dispuse—. Tú, viejo, ven adelante conmigo.

Al punto apagaron las linternas, y a la carrera cumplieron mis órdenes.

No cesaba la llovizna.

Libré del freno a mi automóvil, aceleré y seguí la marcha.

Los de atrás, sólo dijeron unas cuatro frases que recuerdo bien:

—¿Cómo estará Usebita?

—Pos ya ves.

—Tan bonita.

—Tan luciditos sus siete años.

Y en adelante se pertrecharon en un mutismo empecinado. Nada de una risa, ni la menor muestra de expansión, de franqueza propia de habitantes de otras tierras, sino el mutismo ese que impone zozobras, desconfianzas, sospechas o doblega, deprime, aplasta el ánimo. Además la oscuridad al filo de continuos precipicios... las circunstancias... esa tenaz llovizna fúnebre y hasta las linternas, cuya visión, con sus opacas luces agitándose en la bruma, estaba todavía en mi retina...

De lejos, ya el aliento del viejo despedía tufos de un alcohol tan malo que sentí, ahora de cerca, al volver la cara y hablarme, un asco insoportable. "Indio borracho."

—Esta agüita no entrará ni siquiera cuatro dedos dentro de la tierra, ¿verdad, patrón?

—¡Ujú! —respondí, conteniendo el resuello.

Tras breve silencio, insistió:

—Ni dos dedos, ni dos dedos, ¿no cree, patrón?

"Indio borracho", pensé de nuevo y no le contesté.

—¿No cree, patrón?

—Sí, claro —dije. Había que armarse de paciencia.

Otro intervalo, y lo mismo:

—Ni tantito así, ¿eh, patroncito?

Y luego, a cada rato:

—Pos ni tantito, ni tantito puede ser... ¿verdad, siñor?

Corría el coche a toda su marcha y volví a sentir miedo. ¡Esas cosas del instinto! Ya se sabe lo que son los indios con su lenguaje de retruécanos, y con la misma cantinela ¿qué querría decir éste, o dar a entender a los otros, que continuaban clavados, fijos, en su mutismo empecinado?

¡Si fuesen, de veras, piedras, inofensivas piedras... pero son seres humanos!

Por cierto que aún lloviznaba y la carretera estaba desierta, dentro de un negror frío de neblina espesa.

Mis temores venían a ráfagas; mas lograba disiparlos el pensamiento en la seguridad de mi revólver.

—Ni dos dedos, ¿eh, jefe?

—¡Ajá!

—Ni uno...

—¡Ujú!

Y persistía:

—Ni siquiera uno. Ni siquiera un dedo, ni tanto así...

—Claro.

—Porque esta agüita sólo la manda Dios para refrescar las siembritas...

—Naturalmente.

—Para refrescar las siembritas y no para que entre mucho en la tierra... ¿verdad?

—Verdad.

—¿Verdad? ¿Verdad que sí, patrón?

De pronto el motor del automóvil empezó a mostrar síntomas de haberse calentado con exceso.

En cuanto llegamos al primer pueblo, paré y dije a los hombres lo que pasaba.

El viejo se ofreció a ir a una tienda próxima para traer una cubeta de agua.

Y entonces, mientras una luz fuerte destacaba su lejana figura frente al marco de la tienda, el más joven de los tres que se quedaron, acercó su rostro a mis espaldas y dijo desde atrás:

—¡Patrón!

Volví la cabeza.

—Es mi padre, patrón.

Se detuvo como hace todo indio para tomar resuello, y otro dijo:

—El padre está bebido.

El más joven continuó:

—Perdone, pos dice todo eso porque venimos de nuestro pueblo adonde juimos a enterrar a mi hermanita... La mera verdá, patrón, que semos albañiles.

Yo no pedía ninguna explicación; pero el tercero añadió aún:

—No quiere que l'almita se moje allí abajo, dentro, el cuerpecito.

Continuaron la oscuridad, el misterio y la llovizna, la llovizna, el misterio y la oscuridad en el camino...

¿Dije que tenía yo dos hijos: una niña y un niño? Pues la niña enfermó.

Y ahora, duro como soy de corazón, así que ha muerto ella, me pongo blando a veces en el auto. Llueve y recuerdo tal un soplo:

—¿Cómo estará Usebita?

—Pos ya ves.

—Tan bonita.

—Tan luciditos sus siete años.

La venadita

José Revueltas

Para Olivia

Los ojos de la madre se abrieron con angustiosa intensidad, mientras aspiraba el olor de los pastizales remotos que el aire conducía justamente a ese sitio donde era posible precisar su fuego, el blanco tono de sus llamas. El viejísimo saurio muerto, con la cabeza llena de piedras, era del todo indiferente, a punto de desaparecer en definitiva, con ramas y piedras en la cabeza, nostálgico, sin embargo, por aquellas edades antiguas que no volverían más.

En los burros hay también esos ojos de pureza terrible. Los abrió para tomar con ellos toda la llanura, para tenerse de los huizaches y que éstos, humildes y furiosos como son, lo protegieran, humildes y con las uñas, con los dientes de polvo duro. De aquello negro y quemado se levantarían yerbitas dulces, allá a lo lejos, donde ahora soplaba el viento, increíblemente de un color claro, yerbitas casi de agua. Los abrió con toda la desesperación que pudo encontrar en su espíritu. Iba hacia aquel sórdido animal muerto que tenía en la cabeza peñascos anteriores al diluvio. Hacia aquel animal frío e indiferente del cual acaso pudiesen partir sollozos prolongados, de compasión inmóvil, también anterior al diluvio.

—A ella. Te digo que a ella.

Los burros igualmente: una pureza sin límites, santa y pura, una pureza llena de pensamientos. Son como dos lagos donde caben tantas cosas, ríos enteros y hombres a su vez, que gritan. Igualmente el paisaje completo, sin faltar nada, como hoy mismo, sin faltar el animal viejísimo, entrando cada vez más, más próximo a cada minuto.

Abiertos hasta llegar a ese pavor callado y fino.

Pensaría el saurio en su antigua propiedad, en aquella habitación tan amplia. Hoy horriblemente viejo como era.

—Te digo que a ella hay que tirarle…

Los ojos de la madre se abrieron como para devorar el mundo. El mundo entero estaba ahí, en sus ojos, llenos de casas, de ciudades, de hombres con espuma. Las esposas aguardaban ahí a tibios esposos muertos. En la ciudad había un silencio, en toda la ciudad, como una gran esfera y las madres se mostraban sin brazos.

Todo el dolor del mundo.

Pensaba el saurio en su antigüedad de ser vivo, antes de que solamente tuviese esta cresta de peñascos, cuando aún podía moverse. Había antes una turba acogedora, el primer hogar, el primer sitio. Vino entonces la muerte y de todo eso lejanísimo y anterior, hasta contar mil, sólo restaban las piedras sobre su cabeza, sobre su lomo, como una memoria dura y quieta.

La madre abrió los ojos en la huida y éstos se le desparramaron por todo el cuerpo. En la huida, también, aspiró nuevamente el aire del pastizal, un aire tan grande: allá, el fuego blanco para que después crecieran las yerbitas. Por todo el cuerpo, en su sed de salvación y de encontrar refugio junto al viejo animal prehistórico. Entonces la envolvieron como una vestidura limpia.

—¡Córtale! ¡Que no se vaya para el cerro!

Tal vez el viejo saurio quiso moverse, pero no pudo, pues lo sujetaba aquel sueño que había nacido muchos siglos antes de todas las cosas. Oiría tal vez el ruido.

Los pequeños hijos danzaron un minuto en torno de ella, con flexiones graciosas, brincando, atados en su derredor por el anillo del aire, sin poder abandonarla jamás.

La creyeron dormida, aunque ya su alma estaba con los ángeles del cielo.

Entonces ellos también sintieron aquel mismo golpe acariciador, seco, brusco y dulce, del disparo.

—Sí —dijo el cazador a su compañero—, cuando mata uno en primer lugar a la venada, después puede matar a las crías, porque ahí se quedan junto a ella...

El sol caía de filo sobre sus cabezas.

El diosero

FRANCISCO ROJAS GONZÁLEZ

Kai-Lan, señor del caribal[1] de Puná,[2] sentado frente a mí toma una graciosa postura simiesca y sonríe amistoso; en sus manos cortitas y móviles, juguetea un bejuco. Estamos bajo el techo de su "champa" erigida en un claro de la selva; en un claro que es islote perdido entre el océano vegetal que amenaza desbordarse en olas crujientes y negras. Kai-Lan escucha, sus ojos se clavan en mi rostro; parece adivinarme el gesto mejor que entender mis palabras. A veces, cuando mi propósito logra penetrar en el cerebro o en el corazón del indio, él ríe, ríe a carcajadas... Mas a veces, cuando mi relato tórnase grave, el lacandón[3] se pone formal y aparentemente interesado en aquel diálogo en que participa él con algunos monosílabos o con tal o cual frase sencilla emitida con dificultad.

Las tres mujeres de Kai-Lan están cerca de nosotros, sus

[1] *Caribal*: comarca habitada por indios caribe, tribu guerrera que originalmente ocupaba la costa norte de Sudamérica y luego pasó a las islas del Caribe y sus alrededores. Los caribes practicaban el canibalismo y fueron esclavizados por los españoles.

[2] *Puná*: región del estado de Chiapas en la selva lacandona, habitada por las tribus tseltal y lacandona. *Puná* es también el nombre lacandón del árbol de caoba.

[3] *Lacandón*: integrante de una comunidad maya de la selva de Chiapas; hasta finales del siglo XX los lacandones se encontraban relativamente aislados del mundo exterior y adoraban a sus propios dioses y diosas en pequeñas chozas.

tres "kikas". Jacinta, niña casi y madre ya de una indiecita lactante, de cara redonda y cachetona; Jova, una anciana reservada, fea y huidiza, y Nachak'in, hembra en plenitud; su perfil arrogante como un mascarón pétreo de Chichén-Itzá,[4] los ojos sensuales y coquetones, el cuerpo ondulante, apetitoso, a pesar de la corta estatura y los ademanes sueltos, tanto, que llegan a descocados frente al desabrimiento de las otras dos.

Jova, arrodillada cerca del metate, tortea grandes ruedas de masa de maíz; Jacinta, que carga sobre el brazo izquierdo a su hija, revuelve entre las brasas del fogón un faisán abierto en canal del que sale un tufillo agradable. Nachak'in de pie, metida en su amplio cotón de lana, mira impávida el ajetreo de sus compañeras.

—Y ésa —pregunté a Kai-Lan señalando a Nachak'in—, ¿por qué no trabaja?

El lacandón sonríe, guarda silencio unos instantes; con ello da idea de que busca los términos apropiados para responder:

—No trabaja en el día —dice al fin—, a la noche sí... A ella toca subir a la hamaca de Kai-Lan.

La bella "kika", tal si hubiera entendido las palabras que en castellano me dijo su marido, baja los ojos ante mi curiosa mirada y pliega los labios en una sonrisa terriblemente picaresca. De su cuello robusto y corto, cuelga un collar de colmillos de lagarto.

Fuera de la "champa", la selva, el escenario donde se desenvuelve el drama de los lacandones. Frente a la casa de Kai-Lan, se alza el templo del que él es Gran Sacerdote, al mismo tiempo que acólito y fiel. El templo es una barraca techada con hojas

[4] *Chichén-Itzá*: sitio arqueológico monumental de la civilización maya ubicado en la península de Yucatán en México.

de palma; sólo tiene un muro, que ve al poniente; adentro, caballetes de rústica talla y, sobre ellos, los incensarios o braserillos de barro crudo, que son deidades dobladoras de las pasiones, moderadoras de los fenómenos naturales que en la selva se desencadenan con furia diabólica, domadores de bestias, amparo contra serpientes y sabandijas y resguardo opuesto a los "hombres malos" del más allá de los bosques.

Junto al templo, la parcela de maíz cultivada cuidadosamente; matas vigorosas se alzan del suelo más de dos palmos entre las paredes de los hoyancos cavados a "coa"; un lienzo de varas espinudas protege al sembradío de las incursiones de los jabalíes y de los tapires y, abajo, entre lianas y raíces, el río Jataté. El clima es húmedo y tibio.

La voz de la selva, de tono invariable y de intenciones tozudas como las del mar, aquel ruido de enervantes efectos para quien lo escucha por primera vez y que acaba por tornarse, andando el tiempo, en estímulo grato durante el día y en arrullo suave durante la noche, aquella voz nacida de buches de aves, de fauces de fieras, de ramas quebradizas, del canto de las hojas de la ceibas, del ramón y del asesino matapalos que trepa sus tentáculos abrazados a los corpulentos troncos del caobo, del chicozapote, para extraer de ellos, en provecho propio, hasta la última gota de savia, del chiflido intermitente de la nauyaca que vive entre las cortezas del chacalté y del ululante alarido del sarahuato, monito grotesco y cínico que retoza su eterna brama pendiente de las lianas o trepado inverosímilmente en las más atrevidas copas... En tal algarabía, apenas si se escucha la palabra del lacandón que es señor de la selva, al mismo tiempo que el más débil y desposeído entre lo que anima ese mundo de fronda y luz, de estruendo y silencio.

En la "champa" de Kai-Lan, cacique de Puná, aguardo el "taco" que su hospitalidad delicadísima me ha brindado, para continuar mi camino después del refrigerio, por brechas y "picados", entre la masa verde y el pantano, con rumbo al caribal de Pancho Viejo, aquel silencioso, solitario y lánguido caballero lacandón, cuya "champa", huérfana de "kikas", se alza, Jataté abajo, a pocos kilómetros de la heredad de mi huésped actual. Calculo llegar a la anochecida.

Cuando estoy terminando de dar cuenta con la pechuga del faisán, Kai-Lan muestra alguna inquietud; voltea hacia la selva, hincha su nariz en un husmear de bestia carnívora; se pone en pie y sale lentamente. Lo miro cómo interroga a las nubes; después recoge del suelo una varita que eleva entre el índice y el pulgar; por el arco que forman sus dedos, se mira el sol a punto de llegar al cenit.

Kai-Lan ha vuelto y me hace conocer el resultado de su observación.

—Poco andarás... Viene agua, mucha agua.

Yo insistí en la necesidad que tengo de llegar esa misma noche a la "champa" de Pancho Viejo, mas Kai-Lan machaca cordialmente:

—Mira, falta ansinita para el agua —y me muestra la vara a través de la cual observó las nubes.

—Pancho Viejo me espera.

Kai-Lan ya no habla.

Me he puesto en pie, acaricio la cara de la pequeña que se ha dormido en brazos de su madre y cuando me dispongo a salir, gotas enormes me detienen; la tormenta se ha desencadenado. Kai-Lan sonríe al ver cumplido su pronóstico: "Agua... mucha agua".

El rayo brama a poco bajo un techo color de acero que se ha interpuesto entre la selva y el sol; la tormenta se abate sobre las ramazones de los árboles que rascan la costra de nubes. La voz de la selva se acalla para dejar sitio al estruendo de las cataratas. La "champa" se sacude con violencia, Kai-Lan ha vuelto a sentarse junto a mí; estoy sobrecogido ante el espectáculo que por primera vez presencio.

El agua sube a ojos vistas; Jacinta ha dejado a su niña acostada en la hamaca de Kai-Lan y seguida de Jova alzan sus cotones con inocente impudicia hasta arriba de la cintura y empiezan a levantar un dique dentro de la choza, para evitar que el agua escurra al interior. Nachak'in, la "kika" en turno, distrae su holganza sentada en cuclillas en un rincón de la "champa"; Kai-Lan, con el mentón entre sus manos, mira cómo la tempestad crece en intensidad y en estruendos.

—¿Qué buscas en cá Pancho Viejo? —me interroga de pronto.

Yo, sin muchas ganas de liar la charla, respondo un poco cortante:

—Me va a platicar cosas de la vida de ustedes los "caribes".

—¿Y a ti qué te importa? ¡No hay que meterse en la vida de los vecinos! —dice el lacandón sin tratar de herirme.

No contesto.

Jacinta ha tomado en brazos a su hijita, la estrecha contra su pecho; en la cara de la joven hay ahora sombras de congoja. Jova, estoica, empieza a destazar un sarahuato enorme; la piel de la bestia, taladrada por una flecha de Kai-Lan, va despegándose de la carne rojiza hasta dejar un cuerpo desnudo, muy semejante en volumen y muy parecido en forma al de la indita mofletuda que llora entre los brazos de Jacinta.

Kai-Lan me ha pedido un cigarrillo al que arranca fumarolas que la ventisca se encarga de disolver en cuanto salen de su boca.

Entre tanto, el cielo no acaba de volver sus odres sobre la selva; las nubes se confunden ya con las copas del chacalté y del chicozapote; un rayo ha partido, como a vil bambú, el tronco de una ceiba centenaria; el fragor nos aturde y la luz lívida nos deja ciegos por instantes.

En la "champa" nadie habla, el pavor supersticioso de los indios es menor que mis temores de hombre civilizado.

—Agua, mucha agua... —comenta al fin Kai-Lan.

De pronto, un estrépito prolongado colma nuestra inquietud; es rotundo como el de las rocas al desgajarse; es categórico tal el estruendo de cien troncos de caobo que reventaran al unísono.

Kai-Lan se pone de pie, mira hacia afuera por entre la tupida cortina que descuelga el temporal. Habla en lacandón a las mujeres, quienes ven hacia el punto que el hombre les señala. Yo hago lo mismo.

—El río, es el río —me dice Kai-Lan en castellano.

En efecto, el Jataté se ha hinchado; sus aguas arrastran como pajillas troncos, ramas y piedras.

El lacandón vuelve a hablar a sus esposas; ellas escuchan sin contestar. Jova va hacia el fondo de la "champa" y remueve con sus manos un montón de arcilla seca, al tiempo que Kai-Lan, provisto de un gran calabazo, sale a la tormenta, para regresar a poco; su cabello empapado cuelga lacio hasta abajo de los hombros; el cotón se le pega al cuerpo dándole un aspecto ridículo... Ahora voltea sobre la arcilla el agua que ha traído en el calabazo; las mujeres lo miran llenas de unción; Kai-Lan repite la maniobra una vez y otra; el agua y la arcilla han hecho barro que el hombrecillo amasa. Cuando ha encontrado el punto pastoso y modelable en la arcilla, emprende otro viaje en medio de la tempestad; lo vemos entrar al templo y destruir con furia mística los braseros deidades. Luego que ha terminado con el último, retorna a la "champa".

—Los dioses son viejos... ya no sirven —me dice—. Yo haré otro, fuerte y valiente, que acabe con el agua.

... Y Kai-Lan, echado frente al montón de barro, empieza a modelar con insospechada maestría un nuevo incensario, un dios lucido y potente, capaz de conjurar a las nubes que ahora se desprenden sobre el "caribal" y sobre el río.

Las "kikas" han vuelto discretamente las espaldas al hombre, hablan entre sí en voz baja. De pronto Nachak'in arriesga una mirada que Kai-Lan sorprende. El hombrecito se ha puesto en pie, grita roncamente, bate sus manos al aire presa de furores; Nachak'in, vuelta de nuevo hacia la pared y con la cabeza baja, resiste humildemente la reprimenda... Kai-Lan ha deshecho, convulso de ira, la obra casi terminada: Dios ha vuelto a sucumbir en manos del hombre.

Cuando el lacandón se cerciora de que el ojo impuro de las hembras no mancillará la obra divina, intenta de nuevo erigirla.

... Ya está, es un bello incensario de apariencia zoomorfa; un ave barriguda, con el lomo hundido en forma de cazoleta; la figurilla se mantiene enhiesta sobre tres pies que rematan en pezuñas hendidas como las del jabalí. Dos astillas de pedernal brillan en las órbitas profundas. Kai-Lan se muestra muy satisfecho de su trabajo; lo mira de hito en hito, lo retoca, lo pule... Lo aprecia a distancia en todos sus ángulos y acaba por ocultarlo bajo el vuelo de su túnica, para salir con él entre la ventisca y con dirección al templo... Ya está ahí, lo miro a través del empañado cristal de la tormenta. Entroniza en el caballete al dios flamante, fresquecito aún: echa sobre sus lomos granos de copal y algunas brasas que toma entre dos varas de la hoguera perpetua, que arde en el centro del recinto. Kai-Lan se mantiene en pie, inmóvil, hierático, sus brazos cruzados y la barbilla en alto.

Entre tanto, Jova atiza el hogar que chisporrotea; las llamas alumbran un poco la choza en donde empiezan a cuajarse las sombras. El vendaval sigue entre lamentos de árboles desgajados y estruendo de torrentes; el Jataté se ha tornado soberbio, sus aguas suben de nivel alarmantemente... Ahora amenazan desbordarse, ya chapotean en los ribazos que protegen la milpa. Kai-Lan se ha dado cuenta del peligro; bajo el techo del templo observa inquieto el amago del río; vuelve hacia el brasero, lo carga de nuevo con resina y aguarda. Mas la tempestad no cede, los nubarrones columpian de las cumbres y dejan caer sobre el "caribal" su sombra. La noche se precipita... Veo la silueta de Kai-Lan ir hasta el ara, tomar al dios entre sus manos, destruirlo y después, presa de furores, arrojar los fragmentos de barro a las lagunetas que se han formado frente a su "champa"... ¡Dios inútil, dios negado, imbécil dios...!

Mas Kai-Lan ha salido del templo, va hacia la milpa; marcha penosamente bajo las aguas, ahora se echa en cuatro pies junto al río, parece tapir que se revuelca entre el fango. Arrastra troncones y ramas, piedras y hojarascas; con todo bordea la sementera; es el suyo un trabajo doloroso e inútil. Cuando me dispongo a ir en su auxilio, él, convencido de la nulidad de sus esfuerzos, retorna a la "champa". Increpa entonces con palabras violentas a las mujeres, quienes voltean de nuevo sus caras hacia el muro de hojas de palma. La niña duerme plácidamente sobre la hamaca, su cuerpecillo regordete yace entre harapos sucios y humedecidos.

Kai-Lan emprende otra vez la tarea.

Y ya tenemos ante nosotros al nuevo dios que ha brotado de sus manos mágicas. Es más basto éste que el anterior, pero menos hermoso. El lacandón lo eleva hasta la altura de sus ojos y lo contempla unos instantes; parece estar muy engreído con su creación. A sus espaldas se escucha el gemido de la niña que despierta quizá al lancetazo de un bicharraco. Cuando Kai-Lan vuelve, se encuentra a la pequeña mirando fijamente al incensario. El lacandón tiene un gesto de impaciencia que a poco se torna en mueca benévola frente a la risa de la criatura. Arroja al suelo el incensario, ya maculado por ojos de mujer y empieza a destrozarlo con sus pies desnudos. Cuando ha consumado la destrucción, llama a voces. Jacinta, sin atreverse a levantar la cabeza, recoge a su hija y la lleva en brazos hasta el muro; saca por entre la manga de su cotón una mama excesiva y prieta, a la que la niña se prende; Jacinta, al igual que las demás "kikas", ha volteado su cara a Kai-Lan, quien no pierde la fe; ahora empieza de nuevo.

El afán puesto en la tarea hace al indio olvidarse de mí, que miro a placer las incidencias que ocurren durante la manufactura de dios... Las manos pequeñitas de Kai-Lan toman fragmentos de lodo, nerviosas bolean esferas, amoldan cilindros o retocan planos; bailan sobre la forma incipiente, atareadas, ágiles, vivaces. Jova y Jacinta, la última meciendo entre sus brazos a la hija, se mantienen en pie dándonos las espaldas. Nachak'in, amurriada tal vez por su frustrado himeneo, se ha sentado con las piernas cruzadas y la cara a la pared; cabecea presa del sueño. En medio de la choza, la lumbre crepita. Es de noche.

Esta vez la fábrica de dios ha sido más laboriosa, diríase que, ante los fracasos, el hacedor pone en la tarea todo su arte, toda su maestría. Modela un cuadrúpedo fabuloso: hocicos de nauyaca, cuerpo de tapir y cauda enorme y airosa de quetzal. Ahora mira en silencio el fruto de sus esfuerzos; allí está, es una bestia magnífica, recia, prieta, brutal... El lacandón se ha puesto en pie; el incensario descansa en el suelo: Kai-Lan se retira algunos pasos para mirarlo a distancia; le ha notado alguna imperfección que se apresura a corregir con sus dedos humedecidos de saliva... Ha quedado, finalmente, satisfecho por completo. Alza entre sus brazos el incensario y cuando se asegura que no ha sido profanado por la mirada de las hembras, sonríe y se dispone a trasladarlo a sus altares. Pasa rozando mis piernas; yo estoy seguro de que en esos instantes no repara en mi presencia.

Las sombras de la noche empapada ya no me permiten ver la maniobra de Kai-Lan en oficio de Sumo Sacerdote; mis ojos apenas si perciben la lucecilla intermitente que arde sobre los lomos de la deidad recién modelada y el parpadeo angustioso de la hoguera perpetua alimentada con leños húmedos.

Mientras tanto, Jova ha montado un ingenio de varas cerca del fogón; de él pende el sarahuato para asarse al rescoldo; el aspecto del cuadrumano es pavoroso; la cabeza caída sobre el pecho parece gesticular; sus miembros retorcidos me recuerdan imágenes de mártires, de hombres mártires sometidos a la tortura por su santidad o... por sus herejías. Los granos de sal que salpican la carne estallan con leve y enervante chasquido, al tiempo que la grasa escurre para dejar negro y enjuto al cuerpecillo antropomorfo.

Jacinta, echada de rodillas frente a un cacharro barrigudo, extrae el maíz que deposita en el metate, la niña duerme en una estera tendida al alcance de la madre.

Nachak'in, que ve pasar yerma su noche de amor, se ha tirado en la hamaca donde revuelve sus ansiedades; las piernas, torneadas y pequeñas, cuelgan en inquietante balanceo.

De pronto, viniendo de allá de la milpa, se escuchan voces. Es Kai-Lan. Jacinta y Jova atienden en el acto al llamado; las dos "kikas" salen entre la borrasca y van hacia donde el esposo las requiere. Nachak'in apenas si se incorpora para verlas partir; bosteza, distiende sus brazos sobre la "cabeza" de la hamaca y hace algunos movimientos elásticos de bestiecita en celo.

Miro hacia el sembradío; Kai-Lan debajo de una ceiba opulenta sostiene entre sus manos una tea, cuya flama desafía sorprendentemente al ventarrón; las mujeres se debaten entre el barro en pelea furiosa contra el agua que ya ha rebasado el pequeño bordo que la contuvo; ahora las primeras matas de maíz están anegadas. Corro a prestar auxilio a las mujeres. A poco me hallo hundido hasta la cintura en el lodo y comprometido en la lucha de los lacandones. Mientras Jacinta y yo acercamos piedras y fango, Jova levanta un vallado que más tarda en alzarse que en ser arrastrado por la corriente. Kai-Lan grita en lacandón palabras fustigantes; ellas redoblan sus esfuerzos. El hombre va y viene bajo el enorme paraguas de la ceiba; en alto la antorcha, nos manda sus débiles fulgores. Llega un momento en que la agitación de Kai-Lan es irreprimible. Deja la tea sostenida entre dos piedras y va hacia la choza del templo, penetra en ella y nos abandona empeñados en nuestros estériles esfuerzos... Jacinta ha resbalado, el agua la arrastra un trecho; Jova logra pescarla por la melena y con mi ayuda sacarla del trance. Un enorme tronco que flota en las aguas barre totalmente nuestra obra... La riada se desborda ya en arroyuelos que hacen charcas al pie de las matas de maíz. Nada hay que hacer; sin embargo, las mujeres siguen en empeñosa pugna. Cuando yo estoy a punto de marcharme materialmente rendido, noto que la tormenta ha cesado... Como llegó se fue, sin aparatos espectaculares, de improviso, tal como se presenta o se ausenta todo en la selva: la alimaña, el rayo, el viento, el brote, la muerte...

Kai-Lan sale del templo, lanza alaridos de júbilo. Nachak'in se asoma por la "champa" y festeja con risas el contento de su hombre. Nosotros regresamos al jacal.

Nachak'in mira, sin hacer nada por evitarlo, cómo el cuerpo del sarahuato se chamusca, se carboniza; una nube negra y hedionda hace irrespirable el ambiente; la niña solloza rendida de llorar.

Las mujeres al ver mi traza ridícula ríen; estamos encenagados de pies a cabeza.

Trato de limpiar el fango de mis botas. Kai-Lan me tiende un calabazo lleno de "balché", aquella bebida fermentada ritual de las grandes ocasiones. Bebo un trago, otro y otro... Cuando alzo el codo por tercera vez, noto que amanece.

Kai-Lan está a mi lado, me mira amablemente. Nachak'in se acerca y trata de echar, lúbrica y provocativa, un brazo al cuello del hombrecillo; él la separa delicadamente, al tiempo que le dice:

—Nachak'in ya no, porque hoy es mañana.

Luego llama con suavidad a Jova; la anciana viene sumisa hasta el hombre; él la toma por la cintura y así permanece.

—Hoy no trabaja de día la Jova... A la noche sí, porque a ella toca subir a la hamaca de Kai-Lan.

Después, con palabras breves y cortadas, habla a Nachak'in, quien se ha separado un poco del grupo. La bella e imperiosa, ahora dócil y humilde, va hasta el fogón para ocupar el sitio que dejó Jova, la "kika" en turno.

Me dispongo a partir; regalo a las mujeres unos peines rojos y un espejo, ellas agradecen con sonrisas blancas y anchas.

Kai-Lan me obsequia con un pernil de sarahuato que se escapó de la chamusquina. Yo correspondo con un manojo de cigarrillos.

Salgo hacia el "caribal" del caballero Pancho Viejo. Kai-Lan me acompaña hasta el "picado". Cuando pasamos frente al templo, el lacandón se detiene y, señalando hacia el ara, comenta:

—No hay en toda la selva uno como Kai-Lan para hacer dioses... ¿Verdad que salió bueno? Mató a la tormenta... Ve, en la pelea perdió su bonita cola de quetzal y la dejó en el cielo.

En efecto, prendido a la copa de un "ramón", el arco iris esplende...

La culpa es de los tlaxcaltecas

Nacha oyó que llamaban en la puerta de la cocina y se quedó quieta. Cuando volvieron a insistir abrió con sigilo y miró la noche. La señora Laura apareció con un dedo en los labios en señal de silencio. Todavía llevaba el traje blanco quemado y sucio de tierra y sangre.

—¡Señora!... —suspiró Nacha.

La señora Laura entró de puntillas y miró con ojos interrogantes a la cocinera. Luego, confiada, se sentó junto a la estufa y miró su cocina como si no la hubiera visto nunca.

—Nachita, dame un cafecito... Tengo frío.

—Señora, el señor... el señor la va a matar. Nosotros ya la dábamos por muerta.

—¿Por muerta?

Laura miró con asombro los mosaicos blancos de la cocina, subió las piernas sobre la silla, se abrazó las rodillas y se quedó pensativa. Nacha puso a hervir el agua para hacer el café y miró de reojo a su patrona; no se le ocurrió ni una palabra más. La señora recargó la cabeza sobre las rodillas, parecía muy triste.

—¿Sabes, Nacha? La culpa es de los tlaxcaltecas.[1]

Nacha no contestó, prefirió mirar el agua que no hervía.

[1] *Tlaxcaltecas*: grupo indígena originario de Tlaxcala, en México, que ayudó a los conquistadores españoles del siglo XVI encabezados por Hernán Cortés.

Afuera la noche desdibujaba a las rosas del jardín y ensombrecía a las higueras. Muy atrás de las ramas brillaban las ventanas iluminadas de las casas vecinas. La cocina estaba separada del mundo por un muro invisible de tristeza, por un compás de espera.

—¿No estás de acuerdo, Nacha?

—Sí, señora...

—Yo soy como ellos: traidora... —dijo Laura con melancolía.

La cocinera se cruzó de brazos en espera de que el agua soltara los hervores.

—¿Y tú, Nachita, eres traidora?

La miró con esperanzas. Si Nacha compartía su calidad traidora, la entendería, y Laura necesitaba que alguien la entendiera esa noche.

Nacha reflexionó unos instantes, se volvió a mirar el agua que empezaba a hervir con estrépito, la sirvió sobre el café y el aroma caliente la hizo sentirse a gusto cerca de su patrona.

—Sí, yo también soy traicionera, señora Laurita.

Contenta, sirvió el café en una tacita blanca, le puso dos cuadritos de azúcar y lo colocó en la mesa, frente a la señora. Ésta, ensimismada, dio unos sorbitos.

—¿Sabes, Nachita? Ahora sé por qué tuvimos tantos accidentes en el famoso viaje a Guanajuato. En Mil Cumbres se nos acabó la gasolina. Margarita se asustó porque ya estaba anocheciendo. Un camionero nos regaló una poquita para llegar a Morelia. En Cuitzeo, al cruzar el puente blanco, el coche se paró de repente. Margarita se disgustó conmigo, ya sabes que le dan miedo los caminos vacíos y los ojos de los indios. Cuando pasó un coche lleno de turistas, ella se fue al pueblo a buscar un mecánico y yo me quedé en la mitad del puente blanco, que atraviesa el lago seco con fondo de lajas blancas. La luz era muy blanca y el puente, las lajas y el automóvil empezaron a flotar en ella. Luego la luz se partió en varios pedazos hasta convertirse en miles de puntitos y empezó a girar hasta que se quedó fija como un retrato. El tiempo había dado la vuelta completa, como cuando ves una tarjeta postal y luego la vuelves para ver lo que hay escrito atrás. Así llegué en el lago de Cuitzeo, hasta la otra niña que fui. La luz produce esas catástrofes, cuando el sol se vuelve blanco y uno está en el mismo centro de sus rayos. Los pensamientos también se vuelven mil puntitos, y uno sufre vértigo. Yo, en ese momento, miré el tejido de mi vestido blanco y en ese instante oí sus pasos. No me asombré. Levanté los ojos y lo vi venir. En ese instante, también recordé la magnitud de mi traición, tuve miedo y quise huir. Pero el tiempo se cerró alrededor de mí, se volvió único y perecedero y no pude moverme del asiento del automóvil. "Alguna vez te encontrarás frente a tus acciones convertidas en piedras irrevocables como ésa", me dijeron de niña al enseñarme la imagen de un dios, que ahora no recuerdo cuál era. Todo se olvida, ¿verdad, Nachita?, pero se olvida sólo por un tiempo. En aquel entonces también las palabras me parecieron de piedra, sólo que de una piedra fluida y cristalina. La piedra se solidificaba al terminar cada palabra, para quedar escrita para siempre en el tiempo. ¿No eran así las palabras de tus mayores?

Nacha reflexionó unos instantes, luego asintió convencida.

—Así eran, señora Laurita.

—Lo terrible es, lo descubrí en ese instante, que todo lo increíble es verdadero. Allí venía él, avanzando por la orilla del puente, con la piel ardida por el sol y el peso de la derrota sobre los hombros desnudos. Sus pasos sonaban como hojas secas. Traía los ojos brillantes. Desde lejos me llegaron sus chispas negras y vi ondear sus cabellos negros en medio de la luz blanquísima del encuentro. Antes de que pudiera evitarlo lo tuve frente a mis ojos. Se detuvo, se cogió de la portezuela del coche y me miró. Tenía una cortada en la mano izquierda, los cabellos llenos de polvo, y por la herida del hombro le escurría una sangre tan roja, que parecía negra. No me dijo nada. Pero yo supe que iba huyendo, vencido. Quiso decirme que yo merecía la muerte, y al mismo tiempo me dijo que mi muerte ocasionaría la suya. Andaba malherido, en busca mía.

"—La culpa es de los tlaxcaltecas —le dije.

"Él se volvió a mirar al cielo. Después recogió otra vez sus ojos sobre los míos.

"—¿Qué te haces? —me preguntó con su voz profunda. No pude decirle que me había casado, porque estoy casada con él. Hay cosas que no se pueden decir, tú lo sabes, Nachita.

"—¿Y los otros? —le pregunté.

"—Los que salieron vivos andan en las mismas trazas que yo —vi que cada palabra le lastimaba la lengua y me callé, pensando en la vergüenza de mi traición.

"—Ya sabes que tengo miedo y que por eso traiciono...

"—Ya lo sé —me contestó y agachó la cabeza. Me conoce desde chica, Nacha. Su padre y el mío eran hermanos y nosotros primos. Siempre me quiso, al menos eso dijo y así lo creímos todos. En el puente yo tenía vergüenza. La sangre le seguía corriendo por el pecho. Saqué un pañuelito de mi bolso y sin una palabra, empecé a limpiársela. También yo siempre lo quise, Nachita, porque él es lo contrario de mí: no tiene miedo y no es traidor. Me cogió la mano y me la miró.

"—Está muy desteñida, parece una mano de ellos —me dijo.

"—Hace ya tiempo que no me pega el sol —bajó los ojos y me dejó caer la mano. Estuvimos así, en silencio, oyendo correr la sangre sobre su pecho. No me reprochaba nada, bien sabe de lo que soy capaz. Pero los hilitos de su sangre escribían sobre su pecho que su corazón seguía guardando mis palabras y mi cuerpo. Allí supe, Nachita, que el tiempo y el amor son uno solo.

"—¿Y mi casa? —le pregunté.

"—Vamos a verla —me agarró con su mano caliente, como agarraba a su escudo y me di cuenta de que no lo llevaba. 'Lo perdió en la huida', me dije, y me dejé llevar. Sus pasos sonaron en la luz de Cuitzeo iguales que en la otra luz: sordos y apacibles. Caminamos por la ciudad que ardía en las orillas del agua. Cerré los ojos. Ya te dije, Nacha, que soy cobarde. O tal vez el humo y el polvo me sacaron lágrimas. Me senté en una piedra y me tapé la cara con las manos.

"—Ya no camino... —le dije.

"—Ya llegamos —me contestó. Se puso en cuclillas junto a mí y con la punta de los dedos acarició mi vestido blanco.

"—Si no quieres ver cómo quedó, no lo veas —me dijo quedito.

"Su pelo negro me hacía sombra. No estaba enojado, nada más estaba triste. Antes nunca me hubiera atrevido a besarlo, pero ahora he aprendido a no tenerle respeto al hombre, y me abracé a su cuello y lo besé en la boca.

"—Siempre has estado en la alcoba más preciosa de mi pecho —me dijo. Agachó la cabeza y miró la tierra llena de piedras secas. Con una de ellas dibujó dos rayitas paralelas, que prolongó hasta que se juntaron y se hicieron una sola.

"—Somos tú y yo —me dijo sin levantar la vista. Yo, Nachita, me quedé sin palabras.

"—Ya falta poco para que se acabe el tiempo y seamos uno solo... por eso te andaba buscando —se me había olvidado, Nacha, que cuando se gaste el tiempo, los dos hemos de quedarnos el uno en el otro, para entrar en el tiempo verdadero convertidos en uno solo. Cuando me dijo eso lo miré a los ojos. Antes sólo me atrevía a mirárselos cuando me tomaba, pero ahora, como ya te dije, he aprendido a no respetar los ojos del hombre. También es cierto que no quería ver lo que sucedía a mi alrededor... soy muy cobarde. Recordé los alaridos y volví a oírlos: estridentes, llameantes en mitad de la mañana. También oí los golpes de las piedras y las vi pasar zumbando sobre mi cabeza. Él se puso de rodillas frente a mí y cruzó los brazos sobre mi cabeza para hacerme un tejadito.

"—Éste es el final del hombre —dije.

"—Así es —contestó con su voz encima de la mía. Y me vi en sus ojos y en su cuerpo. ¿Sería un venado el que me llevaba hasta su ladera? ¿O una estrella que me lanzaba a escribir señales en el cielo? Su voz escribió signos de sangre en mi pecho y mi vestido blanco quedó rayado como un tigre rojo y blanco.

"—A la noche vuelvo, espérame... —suspiró. Agarró su escudo y me miró desde muy arriba.

"—Nos falta poco para ser uno —agregó con su misma cortesía.

"Cuando se fue, volví a oír los gritos del combate y salí corriendo en medio de la lluvia de piedras y me perdí hasta el coche parado en el puente del lago de Cuitzeo.

"—¿Qué pasa? ¿Estás herida? —me gritó Margarita cuando llegó. Asustada, tocaba la sangre de mi vestido blanco y señalaba la sangre que tenía en los labios y la tierra que se había metido en mis cabellos. Desde otro coche, el mecánico de Cuitzeo me miraba con sus ojos muertos.

"—¡Estos indios salvajes!... ¡No se puede dejar sola a una señora! —dijo al saltar de su automóvil, dizque para venir a auxiliarme.

"Al anochecer llegamos a la ciudad de México. ¡Cómo había cambiado, Nachita, casi no pude creerlo! A las doce del día todavía estaban los guerreros y ahora ya ni huella de su paso. Tampoco quedaban escombros. Pasamos por el Zócalo silencioso y triste; de la otra plaza, no quedaba ¡nada! Margarita me miraba de reojo. Al llegar a la casa nos abriste tú. ¿Te acuerdas?" Nacha asintió con la cabeza. Era muy cierto que hacía apenas dos meses escasos que la señora Laurita y su suegra habían ido a pasear a Guanajuato. La noche en que volvieron, Josefina la recamarera y ella, Nacha, notaron la sangre en el vestido y los ojos ausentes de la señora, pero Margarita, la señora grande, les hizo señas de que se callaran. Parecía muy preocupada. Más tarde Josefina le contó que en la mesa el señor se le quedó mirando malhumorado a su mujer y le dijo:

—¿Por qué no te cambiaste? ¿Te gusta recordar lo malo?

La señora Margarita, su mamá, ya le había contado lo sucedido y le hizo una seña como diciéndole: "¡Cállate, tenle lástima!" La señora Laurita no contestó; se acarició los labios y sonrió ladina. Entonces el señor volvió a hablar del presidente López Mateos.

—Ya sabes que ese nombre no se le cae de la boca —había comentado Josefina, desdeñosamente.

En sus adentros ellas pensaban que la señora Laurita se aburría oyendo hablar siempre del señor presidente y de las visitas oficiales.

—¡Lo que son las cosas, Nachita, yo nunca había notado lo que me aburría con Pablo hasta esa noche! —comentó la señora abrazándose con cariño las rodillas y dándoles súbitamente la razón a Josefina y a Nachita.

La cocinera se cruzó de brazos y asintió con la cabeza.

—Desde que entré a la casa, los muebles, los jarrones y los espejos se me vinieron encima y me dejaron más triste de lo que venía. ¿Cuántos días, cuántos años tendré que esperar todavía para que mi primo venga a buscarme? Así me dije y me arrepentí de mi traición. Cuando estábamos cenando me fijé en que Pablo no hablaba con palabras sino con letras. Y me puse a contarlas mientras le miraba la boca gruesa y el ojo muerto. De pronto se calló. Ya sabes que se le olvida todo. Se quedó con los brazos caídos. "Este marido nuevo no tiene memoria y no sabe más que las cosas de cada día."

"—Tienes un marido turbio y confuso —me dijo él volviendo a mirar las manchas de mi vestido. La pobre de mi suegra se turbó y como estábamos tomando el café se levantó a poner un *twist*.

"—Para que se animen —nos dijo, dizque sonriendo, porque veía venir el pleito.

"Nosotros nos quedamos callados. La casa se llenó de ruidos. Yo miré a Pablo. 'Se parece a...' y no me atreví a decir su nombre, por miedo a que me leyeran el pensamiento. Es verdad que se le parece, Nacha. A los dos les gusta el agua y las casas frescas. Los dos miran al cielo por las tardes y tienen el pelo negro y los dientes blancos. Pero Pablo habla a saltitos, se enfurece por nada y pregunta a cada instante: '¿En qué piensas?' Mi primo marido no hace ni dice nada de eso."

—¡Muy cierto! ¡Muy cierto que el señor es fregón! —dijo Nacha con disgusto.

Laura suspiró y miró a su cocinera con alivio. Menos mal que la tenía de confidente.

—Por la noche, mientras Pablo me besaba, yo me repetía: "¿A qué horas vendrá a buscarme?" Y casi lloraba al recordar la sangre de la herida que tenía en el hombro. Tampoco podía olvidar sus brazos cruzados sobre mi cabeza para hacerme un tejadito. Al mismo tiempo tenía miedo de que Pablo notara que mi primo me había besado en la mañana. Pero no notó nada y si no hubiera sido por Josefina que me asustó en la mañana, Pablo nunca lo hubiera sabido.

Nachita estuvo de acuerdo. Esa Josefina con su gusto por el escándalo tenía la culpa de todo. Ella, Nacha, bien se lo dijo: "¡Cállate! ¡Cállate por el amor de Dios, si no oyeron nuestros gritos por algo sería!" Pero, qué esperanzas, Josefina apenas entró a la pieza de los patrones con la bandeja del desayuno, soltó lo que debería haber callado.

—¡Señora, anoche un hombre estuvo espiando por la ventana de su cuarto! ¡Nacha y yo gritamos y gritamos!

—No oímos nada... —dijo el señor asombrado.

—¡Es él...! —gritó la tonta de la señora.

—¿Quién es él? —preguntó el señor mirando a la señora como si la fuera a matar. Al menos eso dijo Josefina después.

La señora asustadísima se tapó la boca con la mano y cuando el señor le volvió a hacer la misma pregunta, cada vez con más enojo, ella contestó:

—El indio... el indio que me siguió desde Cuitzeo hasta la ciudad de México...

Así supo Josefina lo del indio y así se lo contó a Nachita.

—¡Hay que avisarle inmediatamente a la policía! —gritó el señor.

Josefina le enseñó la ventana por la que el desconocido había estado fisgando y Pablo la examinó con atención: en el alféizar había huellas de sangre casi frescas.

—Está herido... —dijo el señor Pablo preocupado. Dio unos pasos por la recámara y se detuvo frente a su mujer.

—Era un indio, señor —dijo Josefina corroborando las palabras de Laura.

Pablo vio el traje blanco tirado sobre una silla y lo cogió con violencia.

—¿Puedes explicarme el origen de estas manchas?

La señora se quedó sin habla, mirando las manchas de sangre sobre el pecho de su traje y el señor golpeó la cómoda con el puño cerrado. Luego se acercó a la señora y le dio una santa bofetada. Eso lo vio y lo oyó Josefina.

—Sus gestos son feroces y su conducta es tan incoherente como sus palabras. Yo no tengo la culpa de que aceptara la derrota —dijo Laura con desdén.

—Muy cierto —afirmó Nachita.

Se produjo un largo silencio en la cocina. Laura metió la punta del dedo hasta el fondo de la taza, para sacar el pozo negro del café que se había quedado asentado, y Nacha al ver esto volvió a servirle un café calientito.

—Bébase su café, señora —dijo compadecida de la tristeza de su patrona. ¿Después de todo de qué se quejaba el señor? A leguas se veía que la señora Laurita no era para él.

—Yo me enamoré de Pablo en una carretera, durante un minuto en el cual me recordó a alguien conocido, a quien yo no recordaba. Después, a veces, recuperaba aquel instante en el que parecía que iba a convertirse en ese otro al cual se parecía. Pero no era verdad. Inmediatamente volvía a ser absurdo, sin memoria, y sólo repetía los gestos de todos los hombres de la ciudad de México. ¿Cómo querías que no me diera cuenta del engaño? Cuando se enoja me prohíbe salir. ¡A ti te consta! ¿Cuántas veces arma pleitos en los cines y en los restaurantes? Tú lo sabes, Nachita. En cambio mi primo marido, nunca, pero nunca, se enoja con la mujer.

Nacha sabía que era cierto lo que ahora le decía la señora, por eso aquella mañana en que Josefina entró a la cocina espantada y gritando: "¡Despierta a la señora Margarita, que el señor está golpeando a la señora!", ella, Nacha, corrió al cuarto de la señora grande.

La presencia de su madre calmó al señor Pablo. Margarita se quedó muy asombrada al oír lo del indio, porque ella no lo había visto en el lago de Cuitzeo, sólo había visto la sangre como la que podíamos ver todos.

—Tal vez en el lago tuviste una insolación, Laura, y te salió sangre por las narices. Fíjate, hijo, que llevábamos el coche descubierto —dijo casi sin saber qué decir.

La señora Laura se tendió boca abajo en la cama y se encerró en sus pensamientos, mientras su marido y su suegra discutían.

—¿Sabes, Nachita, lo que yo estaba pensando esa mañana? "¿Y si me vio anoche cuando Pablo me besaba?" Y tenía ganas de llorar. En ese momento me acordé de que cuando un hombre y una mujer se aman y no tienen hijos están condenados a convertirse en uno solo. Así me lo decía mi otro padre, cuando yo le llevaba el agua y él miraba la puerta detrás de la que dormíamos mi primo marido y yo. Todo lo que mi otro padre me había dicho ahora se estaba haciendo verdad. Desde la almohada oí las palabras de Pablo y de Margarita y no eran sino tonterías. "Lo voy a ir a buscar", me dije. "Pero ¿adónde?" Más tarde cuando tú volviste a mi cuarto a preguntarme qué hacíamos de comida, me vino un pensamiento a la cabeza: "¡Al café de Tacuba!" Y ni siquiera conocía ese café, Nachita, sólo lo había oído mentar.

Nacha recordó a la señora como si la viera ahora, poniéndose su vestido blanco manchado de sangre, el mismo que traía en ese momento en la cocina.

—¡Por Dios, Laura, no te pongas ese vestido! —le dijo su suegra. Pero ella no hizo caso. Para esconder las manchas, se puso un suéter blanco encima, se lo abotonó hasta el cuello y se fue a la calle sin decir adiós. Después vino lo peor. No, lo peor no. Lo peor iba a venir ahora en la cocina, si la señora Margarita se llegaba a despertar.

—En el café de Tacuba no había nadie. Es muy triste ese lugar, Nachita. Se me acercó un camarero.

"—¿Qué le sirvo? —yo no quería nada, pero tuve que pedir algo.

"—Una cocada.

Mi primo y yo comíamos cocos de chiquitos... En el café

un reloj marcaba el tiempo. "En todas las ciudades hay relojes que marcan el tiempo, se debe estar gastando a pasitos. Cuando ya no quede sino una capa transparente, llegará él y las dos rayas dibujadas se volverán una sola y yo habitaré la alcoba más preciosa de su pecho." Así me decía mientras comía la cocada.

"—¿Qué horas son? —le pregunté al camarero.

"—Las doce, señorita.

"'A la una llega Pablo', me dije; 'si le digo a un taxi que me lleve por el periférico, puedo esperar todavía un rato.' Pero no esperé y me salí a la calle. El sol estaba plateado, el pensamiento se me hizo un polvo brillante y no hubo presente, pasado ni futuro. En la acera estaba mi primo, se me puso delante, tenía los ojos tristes, me miró largo rato.

"—¿Qué haces? —me preguntó con su voz profunda.

"—Te estaba esperando.

"Se quedó quieto como las panteras. Le vi el pelo negro y la herida roja en el hombro.

"—¿No tenías miedo de estar aquí solita?

"Las piedras y los gritos volvieron a zumbar alrededor nuestro y yo sentí que algo ardía a mis espaldas.

"—No mires —me dijo.

"Puso una rodilla en tierra y con los dedos apagó mi vestido, que empezaba a arder. Le vi los ojos muy afligidos.

"—¡Sácame de aquí! —le grité con todas mis fuerzas, porque me acordé de que estaba frente a la casa de mi papá, que la casa estaba ardiendo y que atrás de mí estaban mis padres y mis hermanitos muertos. Todo lo veía retratado en sus ojos, mientras él estaba con la rodilla hincada en tierra apagando mi vestido. Me dejé caer sobre él, que me recibió en sus brazos. Con su mano caliente me tapó los ojos.

"—Éste es el final del hombre —le dije con los ojos bajo su mano.

"—¡No lo veas!

"Me guardó contra su corazón. Yo lo oí sonar como rueda el trueno sobre las montañas. ¿Cuánto faltaría para que el tiempo se acabara y yo pudiera oírlo siempre? Mis lágrimas refrescaron su mano que ardía en el incendio de la ciudad. Los alaridos y las piedras nos cercaban, pero yo estaba a salvo bajo su pecho.

"—Duerme conmigo... —me dijo en voz muy baja.

"—¿Me viste anoche? —le pregunté.

"—Te vi...

"Nos dormimos en la luz de la mañana, en el calor del incendio. Cuando recordamos, se levantó y agarró su escudo.

"—Escóndete hasta el amanecer. Yo vendré por ti.

"Se fue corriendo ligero sobre sus piernas desnudas... y yo me escapé otra vez, Nachita, porque sola tuve miedo.

"—Señorita, ¿se siente mal?

"Una voz igual a la de Pablo se me acercó a media calle.

"—¡Insolente! ¡Déjeme tranquila!

"Tomé un taxi que me trajo a la casa por el periférico y llegué..."

Nacha recordó su llegada: ella misma le había abierto la puerta. Y ella fue la que le dio la noticia. Josefina bajó después, desbarrancándose por las escaleras.

—¡Señora, el señor y la señora Margarita están en la policía!

Laura se le quedó mirando asombrada, muda.

—¿Dónde anduvo, señora?

—Fui al café de Tacuba.

—Pero eso fue hace dos días.

Josefina traía el *Últimas Noticias*. Leyó en voz alta: "La señora Aldama continúa desaparecida. Se cree que el siniestro individuo de aspecto indígena que la siguió desde Cuitzeo, sea un sádico. La policía investiga en los estados de Michoacán y Guanajuato".

La señora Laurita arrebató el periódico de las manos de Josefina y lo desgarró con ira. Luego se fue a su cuarto. Nacha y Josefina la siguieron, era mejor no dejarla sola. La vieron echarse en su cama y soñar con los ojos muy abiertos. Las dos tuvieron el mismo pensamiento y así se lo dijeron después en la cocina: "Para mí, la señora Laurita anda enamorada". Cuando el señor llegó ellas estaban todavía en el cuarto de su patrona.

—¡Laura! —gritó. Se precipitó a la cama y tomó a su mujer en sus brazos.

—¡Alma de mi alma! —sollozó el señor.

La señora Laurita pareció enternecida unos segundos.

—¡Señor! —gritó Josefina—. El vestido de la señora está bien chamuscado.

Nacha miró desaprobándola. El señor revisó el vestido y las piernas de la señora.

—Es verdad... también las suelas de sus zapatos están ardidas. Mi amor, ¿qué pasó?, ¿dónde estuviste?

—En el café de Tacuba —contestó la señora muy tranquila.

La señora Margarita se torció las manos y se acercó a su nuera.

—Ya sabemos que anteayer estuviste allí y comiste una cocada. ¿Y luego?

—Luego tomé un taxi y me vine para acá por el periférico.

Nacha bajó los ojos, Josefina abrió la boca como para decir algo y la señora Margarita se mordió los labios. Pablo, en cambio, agarró a su mujer por los hombros y la sacudió con fuerza.

—¡Déjate de hacer la idiota! ¿En dónde estuviste dos días?... ¿Por qué traes el vestido quemado?

—¿Quemado? Si él lo apagó... —dejó escapar la señora Laura.

—¿Él?... ¿El indio asqueroso? —Pablo la volvió a zarandear con ira.

—Me lo encontré a la salida del café de Tacuba… —sollozó la señora muerta de miedo.

—¡Nunca pensé que fueras tan baja! —dijo el señor y la aventó sobre la cama.

—Dinos quién es —preguntó la suegra suavizando la voz.

—¿Verdad, Nachita, que no podía decirles que era mi marido? —preguntó Laura pidiendo la aprobación de la cocinera.

Nacha aplaudió la discreción de su patrona y recordó que aquel mediodía, ella, apenada por la situación de su ama, había opinado:

—Tal vez el indio de Cuitzeo es un brujo.

Pero la señora Margarita se había vuelto a ella con ojos fulgurantes para contestarle casi a gritos:

—¿Un brujo? ¡Dirás un asesino!

Después, en muchos días no dejaron salir a la señora Laurita. El señor ordenó que se vigilaran las puertas y ventanas de la casa. Ellas, las sirvientas, entraban continuamente al cuarto de la señora para echarle un vistazo. Nacha se negó siempre a exteriorizar su opinión sobre el caso o a decir las anomalías que sorprendía. Pero, ¿quién podía callar a Josefina?

—Señor, al amanecer, el indio estaba otra vez junto a la ventana —anunció al llevar la bandeja con el desayuno.

El señor se precipitó a la ventana y encontró otra vez la huella de sangre fresca. La señora se puso a llorar.

—¡Pobrecito!…, ¡pobrecito!… —dijo entre sollozos.

Fue esa tarde cuando el señor llegó con un médico. Después el doctor volvió todos los atardeceres.

—Me preguntaba por mi infancia, por mi padre y por mi madre. Pero, yo, Nachita, no sabía de cuál infancia, ni de cuál padre, ni de cuál madre quería saber. Por eso le platicaba de la conquista de México. ¿Tú me entiendes, verdad? —preguntó Laura con los ojos puestos sobre las cacerolas amarillas.

—Sí, señora… —y Nachita, nerviosa, escrutó el jardín a través de los vidrios de la ventana. La noche apenas si dejaba ver entre sus sombras. Recordó la cara desganada del señor frente a su cena y la mirada acongojada de su madre.

—Mamá, Laura le pidió al doctor la *Historia… de* Bernal Díaz del Castillo. Dice que eso es lo único que le interesa.

La señora Margarita había dejado caer el tenedor.

—¡Pobre hijo mío, tu mujer está loca!

—No habla sino de la caída de la Gran Tenochtitlán[2] —agregó el señor Pablo con aire sombrío.

Dos días después, el médico, la señora Margarita y el señor Pablo decidieron que la depresión de Laura aumentaba con el encierro. Debía tomar contacto con el mundo y enfrentarse con sus responsabilidades. Desde ese día, el señor mandaba el automóvil para que su mujer saliera a dar paseítos por el bosque de Chapultepec. La señora salía acompañada de su suegra y el chofer tenía órdenes de vigilarlas estrechamente. Sólo que el aire de los eucaliptos no la mejoraba, pues apenas volvía a su casa, la señora Laurita se encerraba en su cuarto para leer la Conquista de México de Bernal Díaz.

Una mañana la señora Margarita regresó del bosque de Chapultepec sola y desamparada.

—¡Se escapó la loca! —gritó con voz estentórea al entrar a la casa.

—Fíjate, Nacha, me senté en la misma banquita de siempre y me dije: "No me lo perdona. Un hombre puede perdonar una, dos, tres, cuatro traiciones, pero la traición permanente, no". Este pensamiento me dejó muy triste. Hacía calor y Margarita se compró un helado de vainilla; yo no quise, entonces ella se metió al automóvil a comerlo. Me fijé que estaba tan aburrida de

---

[2] *La Gran Tenochtitlán*: capital del imperio azteca cuyas ruinas yacen en lo que hoy es la ciudad de México.

mí como yo de ella. A mí no me gusta que me vigilen y traté de ver otras cosas para no verla comiendo su barquillo y mirándome. Vi el heno gris que colgaba de los ahuehuetes y no sé por qué, la mañana se volvió tan triste como esos árboles. "Ellos y yo hemos visto las mismas catástrofes", me dije. Por la calzada vacía, se paseaban las horas solas. Como las horas estaba yo: sola en una calzada vacía. Mi marido había contemplado por la ventana mi traición permanente y me había abandonado en esa calzada hecha de cosas que no existían. Recordé el olor de las hojas de maíz y el rumor sosegado de sus pasos. "Así caminaba, con el ritmo de las hojas secas cuando el viento de febrero las lleva sobre las piedras. Antes no necesitaba volver la cabeza para saber que él estaba ahí mirándome las espaldas"... Andaba en esos tristes pensamientos, cuando oí correr al sol y las hojas secas empezaron a cambiar de sitio. Su respiración se acercó a mis espaldas, luego se puso frente a mí, vi sus pies desnudos delante de los míos. Tenía un arañazo en la rodilla. Levanté los ojos y me hallé bajo los suyos. Nos quedamos mucho rato sin hablar. Por respeto yo esperaba sus palabras.

"—¿Qué te haces? —me dijo.

"Vi que no se movía y que parecía más triste que antes.

"—Te estaba esperando —contesté.

"—Ya va a llegar el último día...

"Me pareció que su voz salía del fondo de los tiempos. Del hombro le seguía brotando sangre. Me llené de vergüenza, bajé los ojos, abrí mi bolso y saqué un pañuelito para limpiarle el pecho. Luego lo volví a guardar. Él siguió quieto, observándome.

"—Vamos a la salida de Tacuba... Hay muchas traiciones...

"Me agarró de la mano y nos fuimos caminando entre la gente, que gritaba y se quejaba. Había muchos muertos que flotaban en el agua de los canales. Había mujeres sentadas en la hierba mirándolos flotar. De todas partes surgía la pestilencia y los niños lloraban corriendo de un lado para otro, perdidos de sus padres. Yo miraba todo sin querer verlo. Las canoas despedazadas no llevaban a nadie, sólo daban tristeza. El marido me sentó debajo de un árbol roto. Puso una rodilla en tierra y miró alerta lo que sucedía a nuestro alrededor. Él no tenía miedo. Después me miró a mí.

"—Ya sé que eres traidora y que me tienes buena voluntad. Lo bueno crece junto con lo malo.

"Los gritos de los niños apenas me dejaban oírlo. Venían de lejos, pero eran tan fuertes que rompían la luz del día. Parecía que era la última vez que iban a llorar.

"—Son las criaturas… —me dijo.

"—Éste es el final del hombre —repetí, porque no se me ocurría otro pensamiento.

"Él me puso las manos sobre los oídos y luego me guardó contra su pecho.

"—Traidora te conocí y así te quise.

"—Naciste sin suerte —le dije. Me abracé a él. Mi primo marido cerró los ojos para no dejar correr las lágrimas. Nos acostamos sobre las ramas rotas del pirú. Hasta allí nos llegaron los gritos de los guerreros, las piedras y los llantos de los niños.

"—El tiempo se está acabando… —suspiró mi marido.

"Por una grieta se escapaban las mujeres que no querían morir junto con la fecha. Las filas de hombres caían una después de la otra, en cadena como si estuvieran cogidos de la mano y el mismo golpe los derribara a todos. Algunos daban un alarido tan fuerte, que quedaba resonando mucho rato después de su muerte.

"Faltaba poco para que nos fuéramos para siempre en uno solo cuando mi primo se levantó, me juntó ramas y me hizo una cuevita.

"—Aquí me esperas.

"Me miró y se fue a combatir con la esperanza de evitar la

derrota. Yo me quedé acurrucada. No quise ver a las gentes que huían, para no tener la tentación, ni tampoco quise ver a los muertos que flotaban en el agua para no llorar. Me puse a contar los frutitos que colgaban de las ramas cortadas: estaban secos y cuando los tocaba con los dedos, la cáscara roja se les caía. No sé por qué me parecieron de mal agüero y preferí mirar el cielo, que empezó a oscurecerse. Primero se puso pardo, luego empezó a coger el color de los ahogados de los canales. Me quedé recordando los colores de otras tardes. Pero la tarde siguió amoratándose, hinchándose, como si de pronto fuera a reventar y supe que se había acabado el tiempo. Si mi primo no volvía, ¿que sería de mí? Tal vez ya estaba muerto en el combate. No me importó su suerte y me salí de allí a toda carrera perseguida por el miedo. 'Cuando llegue y me busque...' No tuve tiempo de acabar mi pensamiento porque me hallé en el anochecer de la ciudad de México. 'Margarita ya se debe haber acabado su helado de vainilla y Pablo debe de estar muy enojado...' Un taxi me trajo por el periférico. ¿Y sabes, Nachita?, los periféricos eran los canales infestados de cadáveres... por eso llegué tan triste... Ahora, Nachita, no le cuentes al señor que me pasé la tarde con mi marido."

Nachita se acomodó los brazos sobre la falda lila.

—El señor Pablo hace ya diez días que se fue a Acapulco. Se quedó muy flaco con las semanas que duró la investigación —explicó Nachita satisfecha.

Laura la miró sin sorpresa y suspiró con alivio.

—La que está arriba es la señora Margarita —agregó Nacha volviendo los ojos hacia el techo de la cocina.

Laura se abrazó las rodillas y miró por los cristales de la ventana a las rosas borradas por las sombras nocturnas y a las ventanas vecinas que empezaban a apagarse.

Nachita se sirvió sal sobre el dorso de la mano y la comió golosa.

—¡Cuánto coyote! ¡Anda muy alborotada la coyotada! —dijo con la voz llena de sal.

Laura se quedó escuchando unos instantes.

—Malditos animales, los hubieras visto hoy en la tarde —dijo.

—Con tal de que no estorben el paso del señor, o que le equivoquen el camino —comentó Nacha con miedo.

—Si nunca los temió, ¿por que había de temerlos esta noche? —preguntó Laura molesta.

Nacha se aproximó a su patrona para estrechar la intimidad súbita que se había establecido entre ellas.

—Son más canijos que los tlaxcaltecas —le dijo en voz muy baja.

Las dos mujeres se quedaron quietas. Nacha devorando poco a poco otro puñito de sal. Laura escuchando preocupada los aullidos de los coyotes que llenaban la noche. Fue Nacha la que lo vio llegar y le abrió la ventana.

—¡Señora!... Ya llegó por usted... —le susurró en una voz tan baja que sólo Laura pudo oírla.

Después, cuando ya Laura se había ido para siempre con él, Nachita limpió la sangre de la ventana y espantó a los coyotes, que entraron en su siglo que acababa de gastarse en ese instante. Nacha miró con sus ojos viejísimos, para ver si todo estaba en orden: lavó la taza de café, tiró al bote de la basura las colillas manchadas de rojo de labios, guardó la cafetera en la alacena y apagó la luz.

—Yo digo que la señora Laurita no era de este tiempo, ni era para el señor —dijo en la mañana cuando le llevó el desayuno a la señora Margarita.

—Ya no me hallo en casa de los Aldama. Voy a buscarme otro destino —le confió a Josefina. Y en un descuido de la recamarera, Nacha se fue hasta sin cobrar su sueldo.

EL PASADO PALPABLE

La cena

ALFONSO REYES

La cena, que recrea y enamora.

San Juan de la Cruz

Tuve que correr a través de calles desconocidas. El término de mi marcha parecía correr delante de mis pasos, y la hora de la cita palpitaba ya en los relojes públicos. Las calles estaban solas. Serpientes de focos eléctricos bailaban delante de mis ojos. A cada instante surgían glorietas circulares, sembrados arriates, cuya verdura, a la luz artificial de la noche, cobraba una elegancia irreal. Creo haber visto multitud de torres —no sé si en las casas, si en las glorietas— que ostentaban a los cuatro vientos, por una iluminación interior, cuatro redondas esferas de reloj.

Yo corría, azuzado por un sentimiento supersticioso de la hora. Si las nueve campanadas, me dije, me sorprenden sin tener la mano sobre la aldaba de la puerta, algo funesto acontecerá. Y corría frenéticamente, mientras recordaba haber corrido a igual hora por aquel sitio y con un anhelo semejante. ¿Cuándo?

Al fin los deleites de aquella falsa recordación me absorbieron de manera que volví a mi paso normal sin darme cuenta. De cuando en cuando, desde las intermitencias de mi meditación, veía que me hallaba en otro sitio, y que se desarrollaban ante mí nuevas perspectivas de focos, de placetas sembradas, de relojes iluminados... No sé cuánto tiempo transcurrió, en tanto que yo dormía en el mareo de mi respiración agitada.

De pronto, nueve campanadas sonoras resbalaron con metálico frío sobre mi epidermis. Mis ojos, en la última esperanza, cayeron sobre la puerta más cercana: aquél era el término.

Entonces, para disponer mi ánimo, retrocedí hacia los motivos de mi presencia en aquel lugar. Por la mañana, el correo me había llevado una esquela breve y sugestiva. En el ángulo del papel se leían, manuscritas, las señas de una casa. La fecha era del día anterior. La carta decía solamente:

"Doña Magdalena y su hija Amalia esperan a usted a cenar mañana, a las nueve de la noche. ¡Ah, si no faltara!..."

Ni una letra más.

Yo siempre consiento en las experiencias de lo imprevisto. El caso, además, ofrecía singular atractivo: el tono, familiar y respetuoso a la vez, con que el anónimo designaba a aquellas señoras desconocidas; la ponderación: "¡Ah, si no faltara!...", tan vaga y tan sentimental, que parecía suspendida sobre un abismo de confesiones, todo contribuyó a decidirme. Y acudí, con el ansia de una emoción informulable. Cuando, a veces, en mis pesadillas, evoco aquella noche fantástica (cuya fantasía está hecha de cosas cotidianas y cuyo equívoco misterio crece sobre la humilde raíz de lo posible), paréceme jadear a través de avenidas de relojes y torreones, solemnes como esfinges en la calzada de algún templo egipcio.

La puerta se abrió. Yo estaba vuelto a la calle y vi, de súbito, caer sobre el suelo un cuadro de luz que arrojaba, junto a mi sombra, la sombra de una mujer desconocida.

Volvíme: con la luz por la espalda y sobre mis ojos deslumbrados, aquella mujer no era para mí más que una silueta, donde mi imaginación pudo pintar varios ensayos de fisonomía, sin que ninguno correspondiera al contorno, en tanto que balbuceaba yo algunos saludos y explicaciones.

—Pase usted, Alfonso.

Y pasé, asombrado de oírme llamar como en mi casa. Fue

una decepción el vestíbulo. Sobre las palabras románticas de la esquela (a mí, al menos, me parecían románticas), había yo fundado la esperanza de encontrarme con una antigua casa, llena de tapices, de viejos retratos y de grandes sillones; una antigua casa sin estilo, pero llena de respetabilidad. A cambio de esto, me encontré con un vestíbulo diminuto y con una escalerilla frágil, sin elegancia; lo cual más bien prometía dimensiones modernas y estrechas en el resto de la casa. El piso era de madera encerada; los raros muebles tenían aquel lujo frío de las cosas de Nueva York, y en el muro, tapizado de verde claro, gesticulaban, como imperdonable signo de trivialidad, dos o tres máscaras japonesas. Hasta llegué a dudar... Pero alcé la vista y quedé tranquilo: ante mí, vestida de negro, esbelta, digna, la mujer que acudió a introducirme me señalaba la puerta del salón. Su silueta se había colorado ya de facciones; su cara me habría resultado insignificante, a no ser por una expresión marcada de piedad; sus cabellos castaños, algo flojos en el peinado, acabaron de precipitar una extraña convicción en mi mente: todo aquel ser me pareció plegarse y formarse a las sugestiones de un nombre.

—¿Amalia? —pregunté.

—Sí —y me pareció que yo mismo me contestaba.

El salón, como lo había imaginado, era pequeño. Mas el decorado, respondiendo a mis anhelos, chocaba notoriamente con el del vestíbulo. Allí estaban los tapices y las grandes sillas respetables, la piel de oso al suelo, el espejo, la chimenea, los jarrones; el piano de candeleros lleno de fotografías y estatuillas —el piano en que nadie toca—, y, junto al estrado principal, el caballete con un retrato amplificado y manifiestamente alterado: el de un señor de barba partida y boca grosera.

Doña Magdalena, que ya me esperaba instalada en un sillón rojo, vestía también de negro y llevaba al pecho una de aquellas joyas gruesísimas de nuestros padres: una bola de vidrio con un retrato interior, ceñida por un anillo de oro. El misterio del parecido familiar se apoderó de mí. Mis ojos iban, inconscientemente, de doña Magdalena a Amalia, y del retrato a Amalia. Doña Magdalena, que lo notó, ayudó mis investigaciones con alguna exégesis oportuna.

Lo más adecuado hubiera sido sentirme incómodo, manifestarme sorprendido, provocar una explicación. Pero doña Magdalena y su hija Amalia me hipnotizaron, desde los primeros instantes, con sus miradas paralelas. Doña Magdalena era una mujer de sesenta años; así es que consintió en dejar a su hija los cuidados de la iniciación. Amalia charlaba, doña Magdalena me miraba; yo estaba entregado a mi ventura.

A la madre tocó —es de rigor— recordarnos que era ya tiempo de cenar. En el comedor la charla se hizo más general y corriente. Yo acabé por convencerme de que aquellas señoras no habían querido más que convidarme a cenar, y a la segunda copa de Chablis me sentí sumido en un perfecto egoísmo del cuerpo lleno de generosidades espirituales. Charlé, reí y desarrollé todo mi ingenio, tratando interiormente de disimularme la irregularidad de mi situación. Hasta aquel instante las señoras habían procurado parecerme simpáticas; desde entonces sentí que había comenzado yo mismo a serles agradable.

El aire piadoso de la cara de Amalia se propagaba, por momentos, a la cara de la madre. La satisfacción, enteramente fisiológica, del rostro de doña Magdalena descendía, a veces, al de su hija. Parecía que estos dos motivos flotasen en el ambiente, volando de una cara a la otra.

Nunca sospeché los agrados de aquella conversación. Aunque ella sugería, vagamente, no sé qué evocaciones de Sudermann, con frecuentes rondas al difícil campo de las responsabilidades domésticas y —como era natural en mujeres de espíritu fuerte— súbitos relámpagos ibsenianos, yo me sentía tan a mi gusto como en casa de alguna tía viuda y junto a alguna prima, amiga de la infancia, que ha comenzado a ser solterona. Al principio, la conversación giró toda sobre cuestiones comerciales, económicas, en que las dos mujeres parecían complacerse. No hay asunto mejor que éste cuando se nos invita a la mesa en alguna casa donde no somos de confianza.

Después, las cosas siguieron de otro modo. Todas las frases comenzaron a volar como en redor de alguna lejana petición. Todas tendían a un término que yo mismo no sospechaba. En el rostro de Amalia apareció, al fin, una sonrisa aguda, inquietante. Comenzó visiblemente a combatir contra alguna interna tentación. Su boca palpitaba, a veces, con el ansia de las palabras, y acababa siempre por suspirar. Sus ojos se dilataban de pronto, fijándose con tal expresión de espanto o abandono en la pared que quedaba a mis espaldas, que más de una vez, asombrado, volví el rostro yo mismo. Pero Amalia no parecía consciente del daño que me ocasionaba. Continuaba con sus sonrisas, sus asombros y sus suspiros, en tanto que yo me estremecía cada vez que sus ojos miraban por sobre mi cabeza.

Al fin, se entabló, entre Amalia y doña Magdalena, un verdadero coloquio de suspiros. Yo estaba ya desazonado. Hacia el centro de la mesa, y, por cierto, tan baja que era una constante incomodidad, colgaba la lámpara de dos luces. Y sobre los muros se proyectaban las sombras desteñidas de las dos mujeres, en tal forma que no era posible fijar la correspondencia de las sombras con las personas. Me invadió una intensa depresión, y un principio de aburrimiento se fue apoderando de mí. De lo que vino a sacarme esta invitación insospechada:

—Vamos al jardín.

Esta nueva perspectiva me hizo recobrar mis espíritus. Condujéronme a través de un cuarto cuyo aseo y sobriedad hacía pensar en los hospitales. En la oscuridad de la noche pude adivinar un jardincillo breve y artificial, como el de un camposanto.

Nos sentamos bajo el emparrado. Las señoras comenzaron a decirme los nombres de las flores que yo no veía, dándose el cruel deleite de interrogarme después sobre sus recientes enseñanzas. Mi imaginación, destemplada por una experiencia tan larga de excentricidades, no hallaba reposo. Apenas me dejaba escuchar y casi no me permitía contestar. Las señoras sonreían ya (yo lo adivinaba) con pleno conocimiento de mi estado. Comencé a confundir sus palabras con mi fantasía. Sus explicaciones botánicas, hoy que las recuerdo, me parecen monstruosas como un delirio: creo haberles oído hablar de flores que muerden y de flores que besan; de tallos que se arrancan a su raíz y os trepan, como serpientes, hasta el cuello.

La oscuridad, el cansancio, la cena, el Chablis, la conversación misteriosa sobre flores que yo no veía (y aun creo que no las había en aquel raquítico jardín), todo me fue convidando al sueño; y me quedé dormido sobre el banco, bajo el emparrado.

—¡Pobre capitán! —oí decir cuando abrí los ojos—. Lleno de ilusiones marchó a Europa. Para él se apagó la luz.

En mi alrededor reinaba la misma oscuridad. Un vientecillo tibio hacía vibrar el emparrado. Doña Magdalena y Amalia conversaban junto a mí, resignadas a tolerar mi mutismo. Me pareció que habían trocado los asientos durante mi breve sueño; eso me apreció…

—Era capitán de Artillería —me dijo Amalia—; joven y apuesto si los hay.

Su voz temblaba.

Y en aquel punto sucedió algo que en otras circunstancias me habría parecido natural, pero que entonces me sobresaltó y trajo a mis labios mi corazón. Las señoras, hasta entonces, sólo me habían sido perceptibles por el rumor de su charla y de su presencia. En aquel instante alguien abrió una ventana en la casa, y la luz vino a caer, inesperada, sobre los rostros de las mujeres. Y —¡oh cielos!— los vi iluminarse de pronto, autonómicos, suspensos en el aire —perdidas las ropas negras en la oscuridad del jardín— y con la expresión de piedad grabada hasta la dureza en los rasgos. Eran como las caras iluminadas en los cuadros de Echave el Viejo, astros enormes y fantásticos.

Salté sobre mis pies sin poder dominarme ya.

—Espere usted —gritó entonces doña Magdalena—; aún falta lo más terrible.

Y luego, dirigiéndose a Amalia:

—Hija mía, continúa; este caballero no puede dejarnos ahora y marcharse sin oírlo todo.

—Y bien —dijo Amalia—: el capitán se fue a Europa. Pasó de noche por París, por la mucha urgencia de llegar a Berlín. Pero todo su anhelo era conocer París. En Alemania tenía que hacer no sé qué estudios en cierta fábrica de cañones... Al día siguiente de llegado, perdió la vista en la explosión de una caldera.

Yo estaba loco. Quise preguntar; ¿qué preguntaría? Quise hablar; ¿qué diría? ¿Qué había sucedido junto a mí? ¿Para qué me habían convidado?

La ventana volvió a cerrarse, y los rostros de las mujeres volvieron a desaparecer. La voz de la hija resonó:

—¡Ay! Entonces, y sólo entonces, fue llevado a París. ¡A París, que había sido todo su anhelo! Figúrese usted que pasó bajo el Arco de la Estrella: pasó ciego bajo el Arco de la Estrella, adivinándolo todo a su alrededor... Pero usted le hablará de París, ¿verdad? Le hablará del París que él no pudo ver. ¡Le hará tanto bien!

("¡Ah, si no faltara!"... "¡Le hará tanto bien!")

Y entonces me arrastraron a la sala, llevándome por los brazos como a un inválido. A mi pies se habían enredado las guías vegetales del jardín; había hojas sobre mi cabeza.

—Helo aquí —me dijeron mostrándome un retrato. Era un militar. Llevaba un casco guerrero, una capa blanca, y los galones plateados en las mangas y en las presillas como tres toques de clarín. Sus hermosos ojos, bajo las alas perfectas de las cejas, tenían un imperio singular. Miré a las señoras: las dos sonreían como en el desahogo de la misión cumplida. Contemplé de nuevo el retrato; me vi yo mismo en el espejo; verifiqué la semejanza: yo era como una caricatura de aquel retrato. El retrato tenía una dedicatoria y una firma. La letra era la misma de la esquela anónima recibida por la mañana.

El retrato había caído de mis manos, y las dos señoras me miraban con una cómica piedad. Algo sonó en mis oídos como una araña de cristal que se estrellara contra el suelo.

Y corrí, a través de calles desconocidas. Bailaban los focos delante de mis ojos. Los relojes de los torreones me espiaban, congestionados de luz… ¡Oh, cielos! Cuando alcancé, jadeante, la tabla familiar de mi puerta, nueve sonoras campanadas estremecían la noche.

Sobre mi cabeza había hojas; en mi ojal, una florecilla modesta que yo no corté.

¡Diles que no me maten!

Juan Rulfo

—¡Diles que no me maten, Justino! Anda, vete a decirles eso. Que por caridad. Así diles. Diles que lo hagan por caridad.

—No puedo. Hay allí un sargento que no quiere oír hablar nada de ti.

—Haz que te oiga. Date tus mañas y dile que para sustos ya ha estado bueno. Dile que lo haga por caridad de Dios.

—No se trata de sustos. Parece que te van a matar de a de veras. Y yo ya no quiero volver allá.

—Anda otra vez. Solamente otra vez, a ver qué consigues.

—No. No tengo ganas de ir. Según eso, yo soy tu hijo. Y, si voy mucho con ellos, acabarán por saber quién soy y les dará por afusilarme a mí también. Es mejor dejar las cosas de ese tamaño.

—Anda, Justino. Diles que tengan tantita lástima de mí. Nomás eso diles.

Justino apretó los dientes y movió la cabeza diciendo:

—No.

Y siguió sacudiendo la cabeza durante mucho rato.

—Dile al sargento que te deje ver al coronel. Y cuéntale lo viejo que estoy. Lo poco que valgo. ¿Qué ganancia sacará con matarme? Ninguna ganancia. Al fin y al cabo él debe de tener un alma. Dile que lo haga por la bendita salvación de su alma.

Justino se levantó de la pila de piedras en que estaba sentado y caminó hasta la puerta del corral. Luego se dio vuelta para decir:

—Voy, pues. Pero si de perdida me afusilan a mí también, ¿quién cuidará de mi mujer y de los hijos?

—La Providencia, Justino. Ella se encargará de ellos. Ocúpate de ir allá y ver qué cosas haces por mí. Eso es lo que urge.

Lo habían traído de madrugada. Y ahora era ya entrada la mañana y él seguía todavía allí, amarrado a un horcón, esperando. No se podía estar quieto. Había hecho el intento de dormir un rato para apaciguarse, pero el sueño se le había ido. También se le había ido el hambre. No tenía ganas de nada. Sólo de vivir. Ahora que sabía bien a bien que lo iban a matar, le habían entrado unas ganas tan grandes de vivir como sólo las puede sentir un recién resucitado.

Quién le iba a decir que volvería aquel asunto tan viejo, tan rancio, tan enterrado como creía que estaba. Aquel asunto de cuando tuvo que matar a don Lupe. No nada más por nomás como quisieron hacerle ver los de Alima, sino porque tuvo sus razones. Él se acordaba:

Don Lupe Terreros, el dueño de la Puerta de Piedra, por más señas su compadre. Al que él, Juvencio Nava, tuvo que matar por eso; por ser el dueño de la Puerta de Piedra y que, siendo también su compadre, le negó el pasto para sus animales.

Primero se aguantó por puro compromiso. Pero después, cuando la sequía, en que vio cómo se le morían uno tras otro sus animales hostigados por el hambre y que su compadre don Lupe seguía negándole la yerba de sus potreros, entonces fue cuando se puso a romper la cerca y a arrear la bola de animales flacos hasta las paraneras para que se hartaran de comer. Y eso no le había gustado a don Lupe, que mandó tapar otra vez la cerca para que él, Juvencio Nava, le volviera a abrir otra vez el agujero. Así, de día se tapaba el agujero y de noche se volvía a abrir, mientras el ganado estaba allí, siempre pegado a la cerca, siempre esperando; aquel ganado suyo que antes nomás se vivía oliendo el pasto sin poder probarlo.

Y él y don Lupe alegaban y volvían a alegar sin llegar a ponerse de acuerdo.

Hasta que una vez don Lupe le dijo:

—Mira, Juvencio, otro animal más que metas al potrero y te lo mato.

Y él contestó:

—Mire, don Lupe, yo no tengo la culpa de que los animales busquen su acomodo. Ellos son inocentes. Ahi se lo haiga si me los mata.

"Y me mató un novillo.

"Esto pasó hace treinta y cinco años, por marzo, porque ya en abril andaba yo en el monte, corriendo del exhorto. No me valieron ni las diez vacas que le di al juez, ni el embargo de mi casa para pagarle la salida de la cárcel. Todavía después se pagaron con lo que quedaba nomás por no perseguirme, aunque de todos modos me perseguían. Por eso me vine a vivir junto con mi hijo a este otro terrenito que yo tenía y que se nombra Palo de Venado. Y mi hijo creció y se casó con la nuera Ignacia y tuvo ya ocho hijos. Así que la cosa ya va para viejo, y según eso debería estar olvidada. Pero, según eso, no lo está.

"Yo entonces calculé que con unos cien pesos quedaba arreglado todo. El difunto don Lupe era solo, solamente con su mujer y los dos muchachitos todavía de a gatas. Y la viuda pronto murió también dizque de pena. Y a los muchachitos se los llevaron lejos, donde unos parientes. Así que, por parte de ellos, no había que tener miedo.

"Pero los demás se atuvieron a que yo andaba exhortado y enjuiciado para asustarme y seguir robándome. Cada que llegaba alguien al pueblo me avisaban:

"—Por ahi andan unos fuereños, Juvencio.

"Y yo echaba pal monte, entreverándome entre los madroños y pasándome los días comiendo sólo verdolagas. A veces tenía que salir a la medianoche, como si me fueran correteando los perros. Eso duró toda la vida. No fue un año ni dos. Fue toda la vida."

Y ahora habían ido por él cuando no esperaba ya a nadie, confiado en el olvido en que lo tenía la gente; creyendo que al menos sus últimos días los pasaría tranquilo. "Al menos esto —pensó— conseguiré con estar viejo. Me dejarán en paz."

Se había dado a esta esperanza por entero. Por eso era que le costaba trabajo imaginar morir así, de repente, a estas alturas de su vida, después de tanto pelear para librarse de la muerte; de haberse pasado su mejor tiempo tirando de un lado para otro arrastrado por los sobresaltos y cuando su cuerpo había acabado por ser un puro pellejo correoso curtido por los malos días en que tuvo que andar escondiéndose de todos.

Por si acaso, ¿no había dejado hasta que se le fuera su mujer? Aquel día en que amaneció con la nueva de que su mujer se le había ido, ni siquiera le pasó por la cabeza la intención de salir a buscarla. Dejó que se fuera sin indagar para nada ni con quién ni para dónde, con tal de no bajar al pueblo. Dejó que se fuera como se le había ido todo lo demás, sin meter las manos. Ya lo único que le quedaba para cuidar era la vida, y ésta la conservaría a como diera lugar. No podía dejar que lo mataran. No podía. Mucho menos ahora.

Pero para eso lo habían traído de allá, de Palo de Venado. No necesitaron amarrarlo para que los siguiera. Él anduvo solo, únicamente maniatado por el miedo. Ellos se dieron cuenta de que no podía correr con aquel cuerpo viejo, con aquellas piernas flacas como sicuas secas, acalambradas por el miedo de morir. Porque a eso iba. A morir. Se lo dijeron.

Desde entonces lo supo. Comenzó a sentir esa comezón en el estómago, que le llegaba de pronto siempre que veía de cerca la muerte y que le sacaba el ansia por los ojos, y que le hinchaba la boca con aquellos buches de agua agria que tenía que tragarse sin querer. Y esa cosa que le hacía los pies pesados mientras su cabeza se le ablandaba y el corazón le pegaba con todas sus fuerzas en las costillas. No, no podía acostumbrarse a la idea de que lo mataran.

Tenía que haber alguna esperanza. En algún lugar podría aún quedar alguna esperanza. Tal vez ellos se hubieran equivocado. Quizá buscaban a otro Juvencio Nava y no al Juvencio Nava que era él.

Caminó entre aquellos hombres en silencio, con los brazos caídos. La madrugada era oscura, sin estrellas. El viento soplaba despacio, se llevaba la tierra seca y traía más, llena de ese olor como de orines que tiene el polvo de los caminos.

Sus ojos, que se habían apeñuscado con los años, venían viendo la tierra, aquí, debajo de sus pies, a pesar de la oscuridad. Allí en la tierra estaba toda su vida. Sesenta años de vivir sobre de ella, de encerrarla entre sus manos, de haberla probado como se prueba el sabor de la carne. Se vino largo rato desmenuzándola con los ojos, saboreando cada pedazo como si fuera el último, sabiendo casi que sería el último.

Luego, como queriendo decir algo, miraba a los hombres que iban junto a él. Iba a decirles que lo soltaran, que lo dejaran que se fuera: "Yo no le he hecho daño a nadie, muchachos", iba a decirles, pero se quedaba callado. "Más adelantito se los diré", pensaba. Y sólo los veía. Podía hasta imaginar que eran sus amigos; pero no quería hacerlo. No lo eran. No sabía quiénes eran. Los veía a su lado ladeándose y agachándose de vez en cuando para ver por dónde seguía el camino.

Los había visto por primera vez al pardear de la tarde, en esa hora desteñida en que todo parece chamuscado. Habían atravesado los surcos pisando la milpa tierna. Y él había bajado a eso: a decirles que allí estaba comenzando a crecer la milpa. Pero ellos no se detuvieron.

Los había visto con tiempo. Siempre tuvo la suerte de ver con tiempo todo. Pudo haberse escondido, caminar unas cuantas horas por el cerro mientras ellos se iban y después volver a bajar. Al fin y al cabo la milpa no se lograría de ningún modo. Ya era tiempo de que hubieran venido las aguas y las aguas no aparecían y la milpa comenzaba a marchitarse. No tardaría en estar seca del todo.

Así que ni valía la pena de haber bajado; haberse metido entre aquellos hombres como en un agujero, para ya no volver a salir.

Y ahora seguía junto a ellos, aguantándose las ganas de decirles que lo soltaran. No les veía la cara; sólo veía los bultos que se repegaban o se separaban de él. De manera que cuando se puso a hablar, no supo si lo habían oído. Dijo:

—Yo nunca le he hecho daño a nadie —eso dijo. Pero nada cambió. Ninguno de los bultos pareció darse cuenta. Las caras no se volvieron a verlo. Siguieron igual, como si hubieran venido dormidos.

Entonces pensó que no tenía nada más que decir, que tendría que buscar la esperanza en algún otro lado. Dejó caer otra vez los brazos y entró en las primeras casas del pueblo en medio de aquellos cuatro hombres oscurecidos por el color negro de la noche.

—Mi coronel, aquí está el hombre.

Se habían detenido delante del boquete de la puerta. Él, con el sombrero en la mano, por respeto, esperando ver salir a alguien. Pero sólo salió la voz:

—¿Cuál hombre? —preguntaron.

—El de Palo de Venado, mi coronel. El que usted nos mandó a traer.

—Pregúntale que si ha vivido alguna vez en Alima —volvió a decir la voz de allá adentro.

—¡Ey, tú! ¿Que si has habitado en Alima? —repitió la pregunta el sargento que estaba frente a él.

—Sí. Dile al coronel que de allá mismo soy. Y que allí he vivido hasta hace poco.

—Pregúntale que si conoció a Guadalupe Terreros.

—Que dizque si conociste a Guadalupe Terreros.

—¿A don Lupe? Sí. Dile que sí lo conocí. Ya murió.

Entonces la voz de allá adentro cambió de tono:

—Ya sé que murió —dijo. Y siguió hablando como si platicara con alguien allá, al otro lado de la pared de carrizos:

—Guadalupe Terreros era mi padre. Cuando crecí y lo busqué me dijeron que estaba muerto. Es algo difícil crecer sabiendo que la cosa de donde podemos agarrarnos para enraizar está muerta. Con nosotros, eso pasó.

"Luego supe que lo habían matado a machetazos, clavándole después una pica de buey en el estómago. Me contaron que duró más de dos días perdido y que, cuando lo encontraron, tirado en un arroyo, todavía estaba agonizando y pidiendo el encargo de que le cuidaran a su familia.

"Esto, con el tiempo, parece olvidarse. Uno trata de olvidarlo. Lo que no se olvida es llegar a saber que el que hizo aquello está aún vivo, alimentando su alma podrida con la ilusión de la vida eterna. No podría perdonar a ése, aunque no lo conozco;

pero el hecho de que se haya puesto en el lugar donde yo sé que está, me da ánimos para acabar con él. No puedo perdonarle que siga viviendo. No debía haber nacido nunca."

Desde acá, desde afuera, se oyó bien claro cuanto dijo. Después ordenó:

—¡Llévenselo y amárrenlo un rato, para que padezca, y luego fusílenlo!

—¡Mírame, coronel! —pidió él—. Ya no valgo nada. No tardaré en morirme solito, derrengado de viejo. ¡No me mates…!

—¡Llévenselo! —volvió a decir la voz de adentro.

—… Ya he pagado, coronel. He pagado muchas veces. Todo me lo quitaron. Me castigaron de muchos modos. Me he pasado cosa de cuarenta años escondido como un apestado, siempre con el pálpito de que en cualquier rato me matarían. No merezco morir así, coronel. Déjame que, al menos, el Señor me perdone. ¡No me mates! ¡Diles que no me maten!

Estaba allí, como si lo hubieran golpeado, sacudiendo su sombrero contra la tierra. Gritando.

En seguida la voz de allá adentro dijo:

—Amárrenlo y denle algo de beber hasta que se emborrache para que no le duelan los tiros.

Ahora, por fin, se había apaciguado. Estaba allí arrinconado al pie del horcón. Había venido su hijo Justino y su hijo Justino se había ido y había vuelto y ahora otra vez venía.

Lo echó encima del burro. Lo apretaló bien apretado al aparejo para que no se fuese a caer por el camino. Le metió su cabeza dentro de un costal para que no diera mala impresión. Y luego le hizo pelos al burro y se fueron, arrebiatados, de prisa, para llegar a Palo de Venado todavía con tiempo para arreglar el velorio del difunto.

—Tu nuera y los nietos te extrañarán —iba diciéndole—. Te mirarán a la cara y creerán que no eres tú. Se les afigurará que te ha comido el coyote, cuando te vean con esa cara tan llena de boquetes por tanto tiro de gracia como te dieron.

La fiesta de las balas

Martín Luis Guzmán

Atento a cuanto se decía de Villa[1] y el villismo, y a cuanto veía a mi alrededor, a menudo me preguntaba yo en Ciudad Juárez qué hazañas serían las que pintaban más a fondo la División del Norte: si las que se suponían estrictamente históricas, o las que se calificaban de legendarias; si las que se contaban como algo visto dentro de la más escueta realidad, o las que traían ya tangibles, con el toque de la exaltación poética, las revelaciones esenciales. Y siempre eran las proezas de este segundo orden las que se me antojaban más verídicas, las que, a mi juicio, eran más dignas de hacer Historia.

Porque ¿dónde hallar, pongo por caso, mejor pintura de Rodolfo Fierro[2] —y Fierro y el villismo eran espejos contrapuestos, modos de ser que se reflejaban infinitamente entre sí— que en el relato que ponía a aquél ante mis ojos, después de una de las últimas batallas, entregado a consumar, con fantasía tan cruel como creadora de escenas de muerte, las terribles órdenes de Villa? Verlo así era como sentir en el alma el roce de una tremenda realidad cuya impresión se conservaba para siempre.

---

[1] *Villa*: Pancho Villa (1878-1923), general y héroe legendario de la Revolución mexicana que comandaba la División del Norte.

[2] *Rodolfo Fierro*: general del ejército de Villa durante la Revolución mexicana, era apodado *el Carnicero*.

Aquella batalla, fecunda en todo, había terminado dejando en manos de Villa no menos de quinientos prisioneros. Villa mandó separarlos en dos grupos: de una parte los voluntarios orozquistas a quienes llamaban *colorados*; de la otra, los federales.[3] Y como se sentía ya bastante fuerte para actos de grandeza, resolvió hacer un escarmiento con los prisioneros del primer grupo, mientras se mostraba benigno con los otros. A los colorados se les pasaría por las armas antes de que oscureciese; a los federales se les daría a elegir entre unirse a las tropas revolucionarias o bien irse a sus casas mediante la promesa de no volver a hacer armas contra los constitucionalistas.[4]

Fierro, como era de esperar, fue el encargado de la ejecución, a la cual dedicó desde luego la eficaz diligencia que tan buen camino le auguraba ya en el ánimo de Villa, o, según decía él: de "su jefe".

Declinaba la tarde. La gente revolucionaria, tras de levantar el campo, iba reconcentrándose lentamente en torno del humilde pueblecito que había sido objetivo de la acción. Frío y tenaz, el viento de la llanura chihuahuense empezaba a despegar del suelo y apretaba los grupos de jinetes y de infantes: unos y otros se acogían al socaire de las casas. Pero Fierro —a quien nunca detuvo nada ni nadie— no iba a rehuir un airecillo fresco que a lo sumo barruntaba la helada de la noche. Hizo cabalgar a su caballo de anca corta, contra cuyo pelo oscuro, cano por el polvo de la batalla, rozaba el borde del sarape gris. Iba así al paso. El viento le daba de lleno en la cara, mas él no trataba de eludirlo clavando la barbilla en el pecho ni levantan-

[3] *Federales*: soldados del ejército mexicano.
[4] *Constitucionalistas*: facción de la Revolución mexicana que después de la lucha armada y hasta fines de la década de 1970 dominó la política del país; la conformaban ciudadanos de clase media, liberales e intelectuales que abogaban por una constitución basada en el lema "México para los mexicanos".

do los pliegues del embozo. Llevaba enhiesta la cabeza, arrogante el busto, bien puestos los pies en los estribos y elegantemente dobladas las piernas entre los arreos de campaña sujetos a los tientos de la montura. Nadie lo veía, salvo la desolación del llano y uno que otro soldado que pasaba a distancia. Pero él, acaso inconscientemente, arrendaba de modo que el animal hiciera piernas como para lucirse en un paseo. Fierro se sentía feliz: lo embargaba el placer de la victoria —de la victoria, en la cual nunca creía hasta consumarse la completa derrota del enemigo—, y su alegría interior le afloraba en sensaciones físicas que tornaban grato el hostigo del viento y el andar del caballo después de quince horas de no apearse. Sentía como caricia la luz del sol —sol un tanto desvaído, sol prematuramente envuelto en fulgores encendidos y tormentosos.

Llegó al corral donde tenían encerrados, como rebaño de reses, a los trescientos prisioneros colorados condenados a morir, y se detuvo un instante a mirar por sobre las tablas de la cerca. Vistos desde allí, aquellos trescientos huertistas hubieran podido pasar por otros tantos revolucionarios. Eran de la fina raza de Chihuahua: altos los cuerpos, sobrias las carnes, robustos los cuellos, bien conformados los hombros sobre espaldas vigorosas y flexibles. Fierro consideró de una sola ojeada el pequeño ejército preso, lo apreció en su valor militar —y en su valer— y sintió una pulsación rara, un estremecimiento que le bajaba desde el corazón, o desde la frente, hasta el índice de la mano derecha. Sin quererlo ni sentirlo, la palma de esa mano fue a posársele en las cachas de la pistola.

—Batalla, ésta —pensó.

Indiferentes a todo, los soldados de caballería que vigilaban a los prisioneros no se fijaban en él. A ellos no les preocupaba más que la molestia de estar montando una guardia fatigosa —guardia incomprensible después de la excitación del combate— y que les exigía tener lista la carabina, cuya culata apoyaban en el muslo. De cuando en cuando, si algún prisionero parecía apartarse, los soldados apuntaban con aire resuelto y, de ser preciso, hacían fuego. Una onda rizaba entonces el perímetro informe de la masa de prisioneros, los cuales se replegaban para evitar el tiro. La bala pasaba de largo o derribaba a alguno.

Fierro avanzó hasta la puerta del corral; gritó a un soldado, que vino a descorrer las trancas, y entró. Sin quitarse el sarape de sobre los hombros echó pie a tierra. El salto le deshizo el embozo. Tenía las piernas entumecidas de cansancio y de frío: las estiró. Se acomodó las dos pistolas. Se puso luego a observar despacio la disposición de los corrales y sus diversas divisiones. Dio varios pasos hasta una de las cercas, sin soltar la brida, la cual trabó entre dos tablas, para dejar sujeto el caballo. Sacó de las cantinas de la silla algo que se metió en los bolsillos de la chaqueta, y atravesó el corral a poca distancia de los prisioneros.

Los corrales eran tres, comunicados entre sí por puertas interiores y callejones angostos. Del que ocupaban los colorados, Fierro pasó, deslizando el cuerpo entre las trancas de la puerta, al de en medio; en seguida, al otro. Allí se detuvo. Su figura, grande y hermosa, irradiaba un aura extraña, algo superior, algo prestigioso y a la vez adecuado al triste abandono del corral. El sarape había venido resbalándole del cuerpo hasta quedar pendiente apenas de los hombros: los cordoncillos de las puntas arrastraban por el suelo. Su sombrero, gris y ancho de ala, se teñía de rosa al recibir de soslayo la luz poniente del sol. Vuelto de espaldas, los prisioneros lo veían desde lejos, a través de las cercas. Sus piernas formaban compás hercúleo y destellaban; el cuero de sus mitasas brillaba en la luz del atardecer.

A unos cien metros, por la parte exterior a los corrales, estaba el jefe de la tropa encargada de los prisioneros. Fierro lo vio y le indicó a señas que se acercara. El oficial cabalgó hasta el sitio de la valla más próximo a Fierro. Éste caminó hacia él. Hablaron. Por momentos, conforme hablaban, Fierro fue señalando diversos puntos del corral donde se encontraba y del corral contiguo. Después describió, moviendo la mano, una serie de evoluciones que repitió el oficial como con ánimo de entender mejor. Fierro insistió dos o tres veces en una maniobra al parecer muy importante, y el oficial entonces, seguro de las órdenes recibidas, partió al galope hacia donde estaban los prisioneros.

Tornó Fierro al centro del corral, y otra vez se mantuvo atento a estudiar la disposición de las cercas y cuanto las rodeaba. De los tres corrales, aquél era el más amplio, y según parecía, el primero en orden —el primero con relación al pueblo—. Tenía en dos de sus lados sendas puertas hacia el campo: puertas de trancas más estropeadas —por mayor uso— que las de los corrales posteriores, pero de maderas más fuertes. En otro lado se abría la puerta que daba al corral inmediato, y el lado restante no era una simple valla de madera, sino tapia de adobes, de no menos de tres metros de altura. La tapia mediría como sesenta metros de largo, de los cuales veinte servían de fondo a un cobertizo o pesebre, cuyo tejado bajaba de la barda y se asentaba, de una parte, en los postes, prolongados, del extremo de una de las cercas que lindaban con el campo, y de la otra, en una pared, también de adobe, que salía perpendicularmente de la tapia y avanzaba cosa de quince metros hacia los medios del corral. De esta suerte, entre el cobertizo y la valla del corral próximo venía a quedar un espacio cerrado en dos de sus lados por paredes macizas. En aquel rincón el viento de la tarde amontonaba la basura y hacía sonar con ritmo anárquico, golpeándolo contra el brocal de un pozo, un cubo de hierro. Del brocal del pozo se elevaban dos palos secos, toscos, terminados en horquetas, sobre los cuales se atravesaba otro más y desde éste pendía la cadena de una garrucha, que también sonaba movida por el viento. En lo más alto de una de las horquetas, un pájaro grande —inmóvil, blanquecino— se confundía con las puntas del palo, resecas y torcidas.

Fierro se hallaba a cincuenta pasos del pozo. Detuvo un segundo la vista sobre la quieta figura del pájaro, y, como si la presencia de éste encajara a pelo en sus reflexiones, sin cambiar de expresión, ni de postura, ni de gesto, sacó la pistola lentamente. El cañón del arma, largo y pulido, se transformó en dedo de rosa a la luz poniente del sol. Poco a poco el gran dedo fue enderezándose hasta señalar en dirección del pájaro. Sonó el disparo —seco y diminuto en la inmensidad de la tarde— y el animal cayó al suelo. Fierro volvió la pistola a la funda.

En aquel instante un soldado, trepando a la cerca, saltó dentro del corral. Era el asistente de Fierro. Había dado el brinco desde tan alto que necesitó varios segundos para erguirse otra vez. Al fin lo hizo y caminó hacia donde estaba su amo. Fierro le preguntó, sin volver la cara:

—¿Qué hubo con ésos? Si no vienen pronto, se hará tarde.

—Parece que ya vienen ay —contestó el asistente.

—Entonces, tú ponte allí. A ver, ¿qué pistola traes?

—La que usted me dio, mi jefe. La *mitigüeson.*

—Dácala pues, y toma estas cajas de parque. ¿Cuántos tiros dices que tienes?

—Unas quince docenas, con los que he arrejuntado hoy, mi jefe. Otros hallaron hartos, yo no.

—¿Quince docenas?... Te dije el otro día que si seguías vendiendo el parque para emborracharte iba a meterte una bala en la barriga.

—No, mi jefe.

—No mi jefe, qué.

—Que me embriago, mi jefe, pero no vendo el parque.

—Pues cuidadito, porque me conoces. Y ahora ponte vivo, para que me salga bien esta ancheta. Yo disparo y tú cargas las pistolas. Y oye bien esto que te voy a decir: si por tu culpa se me escapa uno siquiera de los colorados, te acuesto con ellos.

—¡Ah, qué mi jefe!

—Como lo oyes.

El asistente extendió su frazada sobre el suelo y vació en ella las cajas de cartuchos que Fierro acababa de darle. Luego se puso a extraer uno a uno los tiros que traía en las cananas de la cintura. Quería hacerlo tan de prisa, que se tardaba más de la cuenta. Estaba nervioso, los dedos se le embrollaban.

—¡Ah, qué mi jefe! —seguía pensando para sí.

Mientras tanto, del otro lado de la acera que limitaba el segundo corral fueron apareciendo algunos soldados de la escolta. Montados a caballo, medio busto les sobresalía del borde de las tablas. Muchos otros se distribuyeron a lo largo de las dos cercas restantes.

Fierro y su asistente eran los únicos que estaban dentro del primero de los tres corrales: Fierro, con una pistola en la mano y el sarape caído a los pies; el asistente, en cuclillas, ordenando sobre su frazada las filas de cartuchos.

El jefe de la escolta entró a caballo por la puerta que comunicaba con el corral contiguo y dijo:

—Ya tengo listos los primeros diez. ¿Te los suelto?

Fierro respondió:

—Sí, pero antes entéralos bien del asunto: en cuanto asomen por la puerta yo empezaré a dispararles, los que lleguen a la barda y la salten quedan libres. Si alguno no quiere entrar, tú métele bala.

Volvió el oficial por donde había venido, y Fierro, pistola en mano, se mantuvo alerta, fijos los ojos en el estrecho espacio por donde los prisioneros iban a irrumpir. Se había situado lo bastante próximo a la valla divisoria para que, al hacer fuego, las balas no alcanzaran a los colorados que todavía estuviesen del lado de ella: quería cumplir lealmente lo prometido. Pero su proximidad a las tablas no era tanta que los prisioneros, así que empezase la ejecución, no descubrieran, en el acto mismo de trasponer la puerta, la pistola que les apuntaría a veinte pasos. A espaldas de Fierro el sol poniente convertía el cielo en luminaria roja. El viento seguía soplando.

En el corral donde estaban los prisioneros creció el rumor de voces —voces que los silbos del viento destrozaban, voces como de vaqueros que arrearan ganado—. Era difícil la maniobra de hacer pasar del corral último al corral de en medio a los trescientos hombres condenados a morir en masa; el suplicio que los amenazaba hacía encresparse su muchedumbre con sacudidas de organismo histérico. Se oía gritar a la gente de la escolta, y, de minuto en minuto, los disparos de carabina recogían las voces, que sonaban en la oquedad de la tarde como chasquido en la punta de un latigazo.

De los primeros prisioneros que llegaron al corral intermedio un grupo de soldados segregó diez. Los soldados no bajaban de veinticinco. Echaban los caballos sobre los presos para obligarlos a andar; les apoyaban contra la carne las bocas de las carabinas.

—¡Traidores! ¡Jijos de la rejija! ¡Ora vamos a ver qué tal corren y brincan! ¡Eche usté p'allá, traidor!

Y así los hicieron avanzar hasta la puerta de cuyo otro lado estaban Fierro y su asistente. Allí la resistencia de los colorados se acentuó; pero el golpe de los caballos y el cañón de las carabinas los persuadieron a optar por el otro peligro, por el peligro de Fierro, que no estaba a un dedo de distancia, sino a veinte pasos.

Tan pronto como aparecieron dentro de su visual, Fierro los saludó con extraña frase —frase a un tiempo cariñosa y cruel, de ironía y de esperanza:

—¡Ándenles, hijos: que nomás yo tiro y soy mal tirador!

Ellos brincaban como cabras. El primero intentó abalanzarse sobre Fierro, pero no había dado tres saltos cuando cayó acribillado a tiros por los soldados dispuestos a lo largo de la cerca. Los otros corrieron a escape hacia la tapia: loca carrera que a ellos les parecía como de sueño. Al ver el brocal del pozo, uno quiso refugiarse allí: la bala de Fierro lo alcanzó primero. Los demás siguieron alejándose; pero uno a uno fueron cayendo —Fierro disparó ocho veces en menos de seis segundos—, y el último cayó al tocar con los dedos los adobes que, por un extraño capricho de este momento, separaban de la región de la vida la región de la muerte. Algunos cuerpos dieron aún señales de estar vivos: los soldados, desde su puesto, tiraron para rematarlos.

Y vino otro grupo de diez, y luego otro, y otro, y otro. Las tres pistolas de Fierro —dos suyas, la otra de su ordenanza— se turnaban en la mano homicida con ritmo infalible. Cada una disparaba seis veces —seis veces sin apuntar, seis veces al descubrir— y caía después encima de la frazada. El asistente hacía saltar los casquillos quemados y ponía otros nuevos. Luego, sin cambiar de postura, tendía hacia Fierro la pistola, el cual la tomaba casi al soltar la otra. Los dedos del asistente tocaban las balas que segundos después tenderían sin vida a los prisioneros; pero él no levantaba los ojos para ver a los que caían: toda su conciencia parecía concentrarse en la pistola que tenía entre las manos y en los tiros, de reflejos de oro y plata, esparcidos en el suelo. Dos sensaciones le ocupaban lo hondo de su ser: el peso frío de los cartuchos que iba metiendo en los orificios del cilindro y el contacto de la epidermis, lisa y cálida, del arma. Arriba, por sobre su cabeza, se sucedían los disparos con que su jefe se entregaba al deleite de hacer blanco.

El angustioso huir de los prisioneros en busca de la tapia salvadora —fuga de la muerte en una sinfonía espantosa donde la pasión de matar y el ansia inagotable de vivir luchaban como temas reales— duró cerca de dos horas, irreal, engañoso, implacable. Ni un instante perdió Fierro el pulso o la serenidad. Tiraba sobre blancos movibles y humanos, sobre blancos que daban brincos y traspiés entre charcos de sangre y cadáveres en posturas inverosímiles, pero tiraba sin más emoción que la de errar o acertar. Calculaba hasta la desviación de la trayectoria por efecto del viento, y de un disparo a otro la corregía.

Algunos prisioneros, poseídos de terror, caían de rodillas al trasponer la puerta: la bala los doblaba. Otros bailaban danza grotesca al abrigo del brocal del pozo hasta que la bala los curaba de su frenesí o los hacía caer, heridos, por la boca del hoyo. Casi todos se precipitaban hacia la pared de adobes y trataban de escalarla trepando por los montones de cuerpos entrelazados, calientes, húmedos, humeantes: la bala los paralizaba también. Algunos lograban clavar las uñas en la barda, hecha de paja y tierra, pero sus manos, agitadas por intensa ansiedad de vida, se tornaban de pronto en manos moribundas.

La ejecución en masa llegó a envolverse en un clamor tumultuario donde descollaban los chasquidos secos de los disparos, opacados por la inmensa voz del viento. De un lado de la cerca gritaban los que huían de morir y al cabo morían; de otro, los que se defendían del empuje de los jinetes y pugnaban por romper el cerco que los estrechaba hasta la puerta terrible. Y al griterío de unos y otros se sumaban las voces de los soldados distribuidos en el contorno de las cercas. Éstos habían ido enardeciéndose con el alboroto de los disparos, con la destreza de Fierro y con los lamentos y el accionar frenético de los que morían. Saludaban con exclamaciones de regocijo la voltereta de los cuerpos al caer; vociferaban, gesticulaban, histéricos, reían a carcajadas al hacer fuego sobre los montones de carne humana donde advertían el menor indicio de vida.

El postrer pelotón de los ajusticiados no fue de diez víctimas, sino de doce. Los doce salieron al corral de la muerte atropellándose entre sí, procurando cada uno cubrirse con el grupo de los demás, a quien trataban de adelantarse en la horrible carrera. Para avanzar hacían corcovos sobre los cadáveres hacinados; pero la bala no erraba por eso; con precisión siniestra iba tocándoles uno tras otro y los dejaba a medio camino de la tapia —abiertos brazos y piernas— abrazados al montón de sus hermanos inmóviles. Sin embargo, uno de ellos, el último que quedaba con vida, logró llegar hasta la barda misma y salvarla... El fuego cesó de repente y el tropel de soldados se agolpó en el ángulo del corral inmediato, para ver al fugitivo.

Pardeaba la tarde. La mirada de los soldados tardó en acostumbrarse al parpadeo interferente de la dos luces. De pronto no vieron nada. Luego, allá lejos, en la inmensidad de la llanura ya medio en sombra, fue cobrando precisión un punto móvil, un cuerpo que corría. Tanto se doblaba el cuerpo al correr, que por momentos se le hubiera confundido con algo rastreante a flor de suelo.

Un soldado levantó el rifle para hacer blanco:

—Se ve mal —dijo, y disparó.

La detonación se perdió en el viento del crepúsculo. El punto siguió su carrera.

Fierro no se había movido de su sitio. Rendido el brazo, largo tiempo lo tuvo suelto hacia el suelo. Luego notó que le dolía el índice y levantó la mano hasta los ojos: en la semioscuridad comprobó que el dedo se le había hinchado ligeramente; se lo oprimió con blandura entre los dedos y la palma de la otra mano. Y así se mantuvo: largamente entregado todo él a la dulzura de un masaje moroso. Por fin, se inclinó para recoger del suelo el sarape, del cual se había desembarazado desde los preliminares de la ejecución. Se lo echó sobre los hombros y caminó para acogerse al socaire del cobertizo. A los pocos pasos se detuvo y dijo al asistente:

—Así que acabes, tráete los caballos.

Y siguió andando.

El asistente juntaba los cartuchos quemados. En el corral contiguo los soldados de la escolta desmontaban, hablaban, canturreaban. El asistente los escuchaba en silencio y sin levantar la cabeza. Después se irguió con lentitud. Cogió la frazada por las cuatro puntas y se la echó a la espalda: los casquillos vacíos sonaron dentro con sordo cascabeleo.

Había anochecido. Brillaban algunas estrellas. Brillaban las lucecitas de los cigarros al otro lado de las tablas de la cerca. El asistente rompió a andar con paso débil, y fue, medio a tientas, hasta el último de los corrales, de donde regresó a poco trayendo de la brida los dos caballos —el de su amo y el suyo—, y, sobre uno de los hombros, la mochila de campaña.

Se acercó al pesebre. Sentado sobre una piedra, Fierro fumaba en la oscuridad. En las juntas de la tablas silbaba el viento.

—Desensilla y tiéndeme la cama —ordenó Fierro—; ya no aguanto el cansancio.

—¿Aquí en este corral, mi jefe?... ¿Aquí?...

—Sí, aquí.

Hizo el asistente como le ordenaban. Desensilló y tendió las mantas sobre la paja, arreglando con el maletín y la montura una especie de cabezal. Minutos después de tenderse allí, Fierro se quedó dormido.

El asistente encendió su linterna, dio grano a los animales y dispuso lo necesario para que pasaran bien la noche. Luego apagó la luz, se envolvió en su frazada y se acostó a los pies de su amo. Pero un momento después se incorporó de nuevo, se hincó de rodillas y se persignó. En seguida volvió a tenderse en la paja.

Pasaron seis, siete horas. Había caído el viento. El silencio de la noche se empapaba en luz de luna. De tarde en tarde sonaba próximo el estornudo de algún caballo. Brillaba el claro lunar en la abollada superficie del cubo del pozo y hacía sombras precisas al tropezar con todos los objetos: con todos, menos con los montones de cadáveres. Éstos se hacinaban, enormes en medio de tanta quietud, como cerros fantásticos, cerros de formas confusas, incomprensibles.

El azul plata de la noche se derramaba sobre los muertos con la más pura limpidez de la luz. Pero insensiblemente aquella luz de noche fue convirtiéndose en voz, voz también irreal y nocturna. La voz se hizo distinta: era una voz apenas perceptible, apagada, doliente, moribunda pero clara en su tenue contorno como las sombras que la luna dibujaba sobre las cosas. Desde el fondo de uno de los montones de cadáveres la voz parecía susurrar:

—Ay...

Luego calló, y el azul de plata de la noche volvió a ser sólo luz. Mas la voz se oyó de nuevo:

—Ay... Ay...

Fríos e inertes desde hacía horas, los cuerpos apilados en el corral seguían inmóviles. Los rayos lunares se hundían en ellos como en una masa eterna. Pero la voz tornó:

—Ay... Ay... Ay...

Y este último "ay" llegó hasta el sitio donde Fierro dormía e hizo que la conciencia del asistente pasara del olvido del sueño a la sensación de oír. El asistente recordó entonces la ejecución de los trescientos prisioneros, y el solo recuerdo lo dejó quieto sobre la paja, entreabiertos los ojos y todo él pendiente del lamento de la voz, pendiente con las potencias íntegras de su alma.

—Ay... Por favor...

Fierro se agitó en su cama...

—Por favor... agua...

Fierro despertó y prestó oído...

—Por favor... agua...

Entonces Fierro alargó un pie hasta su asistente.

—¡Eh, tú! ¿No oyes? Uno de los muertos está pidiendo agua.

—¿Mi jefe?

—¡Que te levantes y vayas a darle un tiro a ese jijo de la tiznada que se está quejando! ¡A ver si me deja dormir!

—¿Un tiro a quién, mi jefe?

—A ese que pide agua, ¡imbécil! ¿No entiendes?

—Agua, por favor —repetía la voz.

El asistente sacó la pistola de debajo de la montura y, empuñándola, se levantó y salió del pesebre en busca de los cadáveres. Temblaba de miedo y de frío. Uno como mareo del alma lo embargaba.

A la luz de la luna buscó. Cuantos cuerpos tocaba estaban yertos. Se detuvo sin saber qué hacer. Luego disparó sobre el punto de donde parecía venir la voz: la voz se oyó de nuevo. El asistente tornó a disparar: se apagó la voz.

La luna navegaba en el mar sin límites de su luz azul. Bajo el techo del pesebre, Fierro dormía.

La muerte tiene permiso

Edmundo Valadés

Sobre el estrado, los ingenieros conversan, ríen. Se golpean unos a otros con bromas incisivas. Sueltan chistes gruesos cuyo clímax es siempre áspero. Poco a poco su atención se concentra en el auditorio. Dejan de recordar la última juerga, las intimidades de la muchacha que debutó en la casa de recreo a la que son asiduos. El tema de su charla son ahora esos hombres, ejidatarios congregados en una asamblea y que están ahí abajo, frente a ellos.

—Sí, debemos redimirlos. Hay que incorporarlos a nuestra civilización, limpiándolos por fuera y enseñándolos a ser sucios por dentro...

—Es usted un escéptico, ingeniero. Además, pone usted en tela de juicio nuestros esfuerzos, los de la Revolución.

—¡Bah! Todo es inútil. Estos jijos son irredimibles. Están podridos en alcohol, en ignorancia. De nada ha servido repartirles tierras.

—Usted es un superficial, un derrotista, compañero. Nosotros tenemos la culpa. Les hemos dado las tierras, ¿y qué? Estamos ya muy satisfechos. Y el crédito, los abonos, una nueva técnica agrícola, maquinaria, ¿van a inventar ellos todo eso?

El presidente, mientras se atusa los enhiestos bigotes, acariciada asta por la que iza sus dedos con fruición, observa tras sus gafas, inmune al floreteo de los ingenieros. Cuando el olor animal, terrestre, picante, de quienes se acomodan en las bancas, cosquillea su olfato, saca un paliacate y se suena las narices ruidosamente. Él también fue hombre del campo. Pero hace ya mucho tiempo. Ahora, de aquello, la ciudad y su posición sólo le han dejado el pañuelo y la rugosidad de sus manos.

Los de abajo se sientan con solemnidad, con el recogimiento del hombre campesino que penetra en un recinto cerrado: la asamblea o el templo. Hablan parcamente y las palabras que cambian dicen de cosechas, de lluvias, de animales, de créditos. Muchos llevan sus itacates al hombro, cartucheras para combatir el hambre. Algunos fuman, sosegadamente, sin prisa, con los cigarrillos como si les hubieran crecido en la propia mano.

Otros, de pie, recargados en los muros laterales, con los brazos cruzados sobre el pecho, hacen una tranquila guardia.

El presidente agita la campanilla y su retintín diluye los murmullos. Primero empiezan los ingenieros. Hablan de los problemas agrarios, de la necesidad de incrementar la producción, de mejorar los cultivos. Prometen ayuda a los ejidatarios, los estimulan a plantear sus necesidades.

—Queremos ayudarlos, pueden confiar en nosotros.

Ahora, el turno es para los de abajo. El presidente los invita a exponer sus asuntos. Una mano se alza, tímida. Otras la siguen. Van hablando de sus cosas: el agua, el cacique, el crédito, la escuela. Unos son directos, precisos; otros se enredan, no atinan a expresarse. Se rascan la cabeza y vuelven el rostro a buscar lo que iban a decir, como si la idea se les hubiera escondido en algún rincón, en los ojos de un compañero o arriba, donde cuelga un candil.

Allí, en un grupo, hay cuchicheos. Son todos del mismo pueblo. Les preocupa algo grave. Se consultan unos a otros: consideran quién es el que debe tomar la palabra.

—Yo crioque Jilipe: sabe mucho…

—Ora, tú, Juan, tú hablaste aquella vez...

No hay unanimidad. Los aludidos esperan ser empujados. Un viejo, quizá el patriarca, decide:

—Pos que le toque a Sacramento...

Sacramento espera.

—Ándale, levanta la mano...

La mano se alza, pero no la ve el presidente. Otras son más visibles y ganan el turno. Sacramento escudriña al viejo. Uno, muy joven, levanta la suya, bien alta. Sobre el bosque de hirsutas cabezas pueden verse los cinco dedos morenos, terrosos. La mano es descubierta por el presidente. La palabra está concedida.

—Órale, párate.

La mano baja cuando Sacramento se pone en pie. Trata de hallarle sitio al sombrero. El sombrero se transforma en un ancho estorbo, crece, no cabe en ningún lado. Sacramento se queda con él en las manos. En la mesa hay señales de impaciencia. La voz del presidente salta, autoritaria, conminativa:

—A ver ese que pidió la palabra, lo estamos esperando.

Sacramento prende sus ojos en el ingeniero que se halla a un extremo de la mesa. Parece que sólo va a dirigirse a él; que los demás han desaparecido y han quedado únicamente ellos dos en la sala.

—Quiero hablar por los de San Juan de las Manzanas. Traimos una queja contra el presidente municipal que nos hace mucha guerra y ya no lo aguantamos. Primero les quitó sus tierritas a Felipe Pérez y a Juan Hernández, porque colindaban con las suyas. Telegrafiamos a México y ni nos contestaron. Hablamos los de la congregación y pensamos que era bueno ir al Agrario, pa la restitución. Pos de nada valieron las vueltas ni los papeles, que las tierritas se le quedaron al presidente municipal.

Sacramento habla sin que se alteren sus facciones. Pudiera

creerse que reza una vieja oración, de la que sabe muy bien el principio y el fin.

—Pos nada, que como nos vio con rencor, nos acusó quesque por revoltosos. Que parecía que nosotros le habíamos quitado sus tierras. Se nos vino entonces con eso de las cuentas; lo de los préstamos, siñor, que dizque andábamos atrasados. Y el agente era de su mal parecer, que teníamos que pagar hartos intereses. Crescencio, el que vive por la loma, por ai donde está el aguaje y que le intelige a eso de los números, pos hizo las cuentas y no era verdá: nos querían cobrar de más. Pero el presidente municipal trajo unos señores de México, que con muchos poderes y que si no pagábamos nos quitaban las tierras. Pos como quien dice, nos cobró a la fuerza lo que no debíamos...

Sacramento habla sin énfasis, sin pausas premeditadas. Es como si estuviera arando la tierra. Sus palabras caen como granos, al sembrar.

—Pos luego lo de m'ijo, siñor. Se encorajinó el muchacho. Si viera usté que a mí me dio mala idea. Yo lo quise detener. Había tomado y se le enturbió la cabeza. De nada me valió mi respeto. Se fue a buscar al presidente municipal, pa reclamarle... Lo mataron a la mala, que dizque se andaba robando una vaca del presidente municipal. Me lo devolvieron difunto, con la cara destrozada...

La nuez de la garganta de Sacramento ha temblado. Sólo eso. Él continúa de pie, como un árbol que ha afianzado sus raíces. Nada más. Todavía clava su mirada en el ingeniero, el mismo que se halla al extremo de la mesa.

—Luego, lo del agua. Como hay poca, porque hubo malas lluvias, el presidente municipal cerró el canal. Y como se iban a secar las milpas y la congregación iba a pasar mal año, fuimos a buscarlo; que nos diera tantita agua, siñor, pa nuestras siembras. Y nos atendió con malas razones, que por nada se amuina con nosotros. No se bajó de su mula, pa perjudicarnos...

Una mano jala el brazo de Sacramento. Uno de sus compañeros le indica algo. La voz de Sacramento es lo único que resuena en el recinto.

—Si todo esto fuera poco, que lo del agua, gracias a la Virgencita hubo más lluvias y medio salvamos las cosechas, está lo del sábado. Salió el presidente municipal con los suyos, que son gente mala y nos robaron dos muchachas: a Lupita, la que se iba a casar con Herminio, y a la hija de Crescencio. Como nos tomaron desprevenidos, que andábamos en la faena, no pudimos evitarlo. Se las llevaron a fuerza al monte y ai las dejaron tiradas. Cuando regresaron las muchachas, en muy malas condiciones, porque hasta de golpes les dieron, ni siquiera tuvimos que preguntar nada. Y se alborotó la gente de a deveras, que ya nos cansamos de estar a merced de tan mala autoridad.

Por primera vez, la voz de Sacramento vibró. En ella latió una amenaza, un odio, una decisión ominosa.

—Y como nadie nos hace caso, que a todas las autoridades hemos visto y pos no sabemos dónde andará la justicia, queremos tomar aquí providencias. A ustedes —y Sacramento recorrió ahora a cada ingeniero con la mirada y la detuvo ante quien presidía—, que nos prometen ayudarnos, les pedimos su gracia para castigar al presidente municipal de San Juan de las Manzanas. Solicitamos su venia para hacernos justicia por nuestra propia mano...

Todos los ojos auscultan a los que están en el estrado. El presidente y los ingenieros, mudos, se miran entre sí. Discuten al fin.

—Es absurdo, no podemos sancionar esta inconcebible petición.

—No, compañero, no es absurda. Absurdo sería dejar este asunto en manos de quienes no han hecho nada, de quienes han desoído esas voces. Sería cobardía esperar a que nuestra justicia hiciera justicia; ellos ya no creerán nunca más en nosotros. Prefiero solidarizarme con estos hombres, con su justicia primitiva, pero justicia al fin; asumir con ellos la responsabilidad que me toque. Por mí, no nos queda sino concederles lo que piden.

—Pero somos civilizados, tenemos instituciones; no podemos hacerlas a un lado.

—Sería justificar la barbarie, los actos fuera de la ley.

—¿Y qué peores actos fuera de la ley que los que ellos denuncian? Si a nosotros nos hubieran ofendido como los han ofendido a ellos; si a nosotros nos hubieran causado menos daños que los que les han hecho padecer, ya hubiéramos matado, ya hubiéramos olvidado una justicia que no interviene. Yo exijo que se someta a votación la propuesta.

—Yo pienso como usted, compañero.

—Pero estos tipos son muy ladinos, habría que averiguar la verdad. Además, no tenemos autoridad para conceder una petición como ésta.

Ahora interviene el presidente. Surge en él el hombre del campo. Su voz es inapelable.

—Será la asamblea la que decida. Yo asumo la responsabilidad.

Se dirige al auditorio. Su voz es una voz campesina, la misma voz que debe haber hablado allá en el monte, confundida con la tierra, con los suyos.

—Se pone a votación la proposición de los compañeros de San Juan de las Manzanas. Los que estén de acuerdo en que se les dé permiso para matar al presidente municipal, que levanten la mano...

Todos los brazos se tienden a lo alto. También los de los ingenieros. No hay una sola mano que no esté arriba, categóricamente aprobando. Cada dedo señala la muerte inmediata, directa.

—La asamblea da permiso a los de San Juan de las Manzanas para lo que solicitan.

Sacramento, que ha permanecido en pie, con calma, termina de hablar. No hay alegría ni dolor en lo que dice. Su expresión es sencilla, simple.

—Pos muchas gracias por el permiso, porque como nadie nos hacía caso, desde ayer el presidente municipal de San Juan de las Manzanas está difunto.

EL INSÓLITO
COTIDIANO URBANO

La sunamita

INÉS ARREDONDO

*Y buscaron una moza hermosa por todo el término de Israel, y
hallaron a Abisag sunamita, y trajéronla al rey.
Y la moza era hermosa, la cual calentaba al rey, y le servía:
mas el rey nunca la conoció.*

Reyes I, I: 3-4

Aquel fue un verano abrasador. El último de mi juventud.

Tensa, concentrada en el desafío que precede a la combustión,
la ciudad ardía en una sola llama reseca y deslumbrante. En el
centro de la llama estaba yo, vestida de negro, orgullosa, alimentando el fuego con mis cabellos rubios, sola. Las miradas de
los hombres resbalaban por mi cuerpo sin mancharlo y mi al-
tivo recato obligaba al saludo deferente. Estaba segura de tener
el poder de domeñar las pasiones, de purificarlo todo en el aire
encendido que me cercaba y no me consumía.

Nada cambió cuando recibí el telegrama; la tristeza que me
trajo no afectaba en absoluto la manera de sentirme en el mundo: mi tío Apolonio se moría a los setenta y tantos años de
edad; quería verme por última vez puesto que yo había vivido
en su casa como una hija durante mucho tiempo, y yo sentía un
sincero dolor ante aquella muerte inevitable. Todo esto era
perfectamente normal, y ningún estremecimiento, ningún au-
gurio me hizo sospechar nada. Hice los rápidos preparativos
para el viaje en aquel mismo centro intocable en que me envolvía el verano estático.

Llegué al pueblo a la hora de la siesta.

Caminando por las calles solitarias con mi pequeño veliz en

la mano, fui cayendo en el entresueño privado de realidad y de tiempo que da el calor excesivo. No, no recordaba, vivía a medias, como entonces. "Mira, Licha, están floreciendo las amapas." La voz clara, casi infantil. "Para el dieciséis quiero que te hagas un vestido como el de Margarita Ibarra." La oía, la sentía caminar a mi lado, un poco encorvada, ligera a pesar de su gordura, alegre y vieja; yo seguía adelante con los ojos entrecerrados, atesorando mi vaga, tierna angustia, dulcemente sometida a la compañía de mi tía Panchita, la hermana de mi madre. "Bueno, hija, si Pepe no te gusta… pero no es un mal muchacho." Sí, había dicho eso justamente aquí, frente a la ventana de la Tichi Valenzuela, con aquel gozo suyo, inocente y maligno. Caminé un poco más, nublados ya los ladrillos de la acera, y cuando las campanadas resonaron pesadas y reales, dando por terminada la siesta y llamando al rosario, abrí los ojos y miré verdaderamente el pueblo: era otro, las amapas no habían florecido y yo estaba llorando, con mi vestido de luto, delante de la casa de mi tío.

El zaguán se encontraba abierto, como siempre, y en el fondo del patio estaba la bugambilia. Como siempre. Pero no igual. Me sequé las lágrimas y no sentí que llegaba, sino que me despedía. Las cosas aparecían inmóviles, como en el recuerdo, y el calor y el silencio lo marchitaban todo. Mis pasos resonaron desconocidos, y María salió a mi encuentro.

—¿Por qué no avisaste? Hubiéramos mandado…

Fuimos directamente a la habitación del enfermo. Al entrar casi sentí frío. El silencio y la penumbra precedían a la muerte.

—Luisa, ¿eres tú?

Aquella voz cariñosa se iba haciendo queda y pronto enmudecería del todo.

—Aquí estoy, tío.

—Bendito sea Dios, ya no me moriré solo.

—No diga eso, pronto se va a aliviar.

Sonrió tristemente; sabía que le estaba mintiendo, pero no quería hacerme llorar.

—Sí, hija, sí. Ahora descansa, toma posesión de la casa y luego ven a acompañarme. Voy a tratar de dormir un poco.

Más pequeño que antes, enjuto, sin dientes, perdido en la cama enorme y sobrenadando sin sentido en lo poco que le quedaba de vida, atormentaba como algo superfluo, fuera de lugar, igual que tantos moribundos. Esto se hacía evidente al salir al corredor caldeado y respirar hondamente, por instinto, la luz y el aire.

Comencé a cuidarlo y a sentirme contenta de hacerlo. La casa era *mi* casa y muchas mañanas al arreglarla tarareaba olvidadas canciones. La calma que me rodeaba venía tal vez de que mi tío ya no esperaba la muerte como una cosa inminente y terrible, sino que se abandonaba a los días, a un futuro más o menos corto o largo, con una dulzura inconsciente de niño. Repasaba con gusto su vida y se complacía en la ilusión de dejar en mí sus imágenes, como hacen los abuelos con sus nietos.

—Tráeme el cofrecito ese que hay en el ropero grande. Sí, ése. La llave está debajo de la carpeta, junto a san Antonio, tráela también.

Y revivían sus ojos hundidos a la vista de sus tesoros.

—Mira, este collar se lo regalé a tu tía cuando cumplimos diez años de casados, lo compré en Mazatlán a un joven polaco que me contó no sé qué cuentos de princesas austriacas y me lo vendió bien caro. Lo traje escondido en la funda de mi pistola y no dormí un minuto en la diligencia por miedo a que me lo robaran...

La luz del sol poniente hizo centellear las piedras jóvenes y vivas en sus manos esclerosadas.

—… este anillo de montura tan antigua era de mi madre, fíjate bien en la miniatura que hay en la sala y verás que lo tiene puesto. La prima Begoña murmuraba a sus espaldas que un novio…

Volvían a hablar, a respirar aquellas señoras de los retratos a quienes él había visto, tocado. Yo las imaginaba, y me parecía entender el sentido de las alhajas de familia.

—¿Te he contado de cuando fuimos a Europa en 1908, antes de la Revolución? Había que ir en barco a Colima… y en Venecia tu tía Panchita se encaprichó con estos aretes. Eran demasiado caros y se lo dije: "Son para una reina"… Al día siguiente se los compré. Tú no te lo puedes imaginar porque cuando naciste ya hacía mucho de esto, pero entonces, en 1908, cuando estuvimos en Venecia, tu tía era tan joven, tan…

—Tío, se fatiga demasiado, descanse.

—Tienes razón, estoy cansado. Déjame solo un rato y llévate el cofre a tu cuarto, es tuyo.

—Pero tío…

—Todo es tuyo ¡y se acabó!… Regalo lo que me da la gana.

Su voz se quebró en un sollozo terrible: la ilusión se desvanecía, y se encontraba de nuevo a punto de morir, en el momento de despedirse de sus cosas más queridas. Se dio vuelta en la cama y me dejó con la caja en las manos sin saber qué hacer.

Otras veces me hablaba del "año del hambre", del "año del *maíz* amarillo", de la peste, y me contaba historias muy antiguas de asesinos y aparecidos. Alguna vez hasta canturreó un corrido de su juventud que se hizo pedazos en su voz cascada. Pero me iba heredando su vida, estaba contento.

El médico decía que sí, que veía una mejoría, pero que no había que hacerse ilusiones, no tenía remedio, todo era cuestión de días más o menos.

Una tarde oscurecida por nubarrones amenazantes, cuando estaba recogiendo la ropa tendida en el patio, oí el grito de María. Me quedé quieta, escuchando aquel grito como un trueno, el primero de la tormenta. Después el silencio, y yo sola en el patio; inmóvil. Una abeja pasó zumbando y la lluvia no se desencadenó. Nadie sabe como yo lo terribles que son los presagios que se quedan suspensos sobre una cabeza vuelta al cielo.

—Lichita, ¡se muere!, ¡está boqueando!

—Vete a buscar al médico... ¡No! Iré yo... llama a doña Clara para que te acompañe mientras vuelvo.

—Y el padre... Tráete al padre.

Salí corriendo, huyendo de aquel momento insoportable, de aquella inminencia sorda y asfixiante. Fui, vine, regresé a la casa, serví café, recibí a los parientes que empezaron a llegar ya medio vestidos de luto, encargué velas, pedí reliquias, continué huyendo enloquecida para no cumplir con el único deber que en ese momento tenía: estar junto a mi tío. Interrogué al médico: le había puesto una inyección por no dejar, todo era inútil ya. Vi llegar al señor cura con el Viático, pero ni entonces tuve fuerzas para entrar. Sabía que después tendría remordimientos —"Bendito sea Dios, ya no me moriré solo"— pero no podía. Me tapé la cara con las manos y empecé a rezar.

Vino el señor cura y me tocó en el hombro. Creí que todo había terminado y un escalofrío me recorrió la espalda.

—Te llama. Entra.

No sé como llegué hasta el umbral. Era ya de noche y la habitación iluminada por una lámpara veladora parecía enorme. Los muebles, agigantados, sombríos, y un aire extraño estancado en torno a la cama. La piel se me erizó, por los poros respiraba el horror a todo aquello, a la muerte.

—Acércate —dijo el sacerdote.

Obedecí yendo hasta los pies de la cama, sin atreverme a mirar ni las sábanas.

—Es la voluntad de tu tío, si no tienes algo que oponer, casarse contigo *in articulo mortis*, con la intención de que heredes sus bienes. ¿Aceptas?

Ahogué un grito de terror. Abrí los ojos como para abarcar todo el espanto que aquel cuarto encerraba. "¿Por qué me quiere arrastrar a la tumba?"... Sentí que la muerte rozaba mi propia carne.

—Luisa...

Era don Apolonio. Tuve que mirarlo: casi no podía articular las sílabas, tenía la quijada caída y hablaba moviéndola como un muñeco de ventrílocuo.

—... por favor.

Y calló, extenuado.

No podía más. Salí de la habitación. Aquél no era mi tío, no se le parecía... Heredarme, sí, pero no los bienes solamente, las historias, la vida... Yo no quería nada, su vida, su muerte. No quería. Cuando abrí los ojos estaba en el patio y el cielo seguía encapotado. Respiré profundamente, dolorosamente.

—¿Ya...? —se acercaron a preguntarme los parientes, al verme tan descompuesta.

Yo moví la cabeza, negando. A mi espalda habló el sacerdote.

—Don Apolonio quiere casarse con ella en el último momento, para heredarla.

—¿Y tú no quieres? —preguntó ansiosamente la vieja criada—. No seas tonta, sólo tú te lo mereces. Fuiste una hija para ellos y te has matado cuidándolo. Si no te casas, los sobrinos de México no te van a dar nada. ¡No seas tonta!

—Es una delicadeza de su parte...

—Y luego te quedas viuda y rica y tan virgen como ahora —rió nerviosamente una prima jovencilla y pizpireta.

—La fortuna es considerable, y yo, como tío lejano tuyo, te aconsejaría que...

—Pensándolo bien, el no aceptar es una falta de caridad y de humildad.

"Eso es verdad, eso sí que es verdad." No quería darle un último gusto al viejo, un gusto que después de todo debía agradecer, porque mi cuerpo joven, del que en el fondo estaba tan satisfecha, no tuviera ninguna clase de vínculos con la muerte. Me vinieron náuseas y fue el último pensamiento claro que tuve esa noche. Desperté como de un sopor hipnótico cuando me obligaron a tomar la mano cubierta de sudor frío. Me vino otra arcada, pero dije "sí".

Recordaba vagamente que me habían cercado todo el tiempo, que todos hablaban a la vez, que me llevaban, me traían, me hacían firmar, y responder. La sensación que de esa noche me quedó para siempre fue la de una maléfica ronda que giraba vertiginosamente en torno mío y reía, grotesca, cantando

yo soy la viudita que manda la ley

y yo en medio era una esclava. Sufría y no podía levantar la cara al cielo.

Cuando me di cuenta, todo había pasado, y en mi mano brillaba el anillo torzal que vi tantas veces en el anular de mi tía Panchita: no había habido tiempo para otra cosa.

Todos empezaron a irse.

—Si me necesita, llámeme. Dele mientras tanto las gotas cada seis horas.

—Que Dios te bendiga y te dé fuerzas.

—Feliz noche de bodas —susurró a mi oído con una risita mezquina la prima jovencita.

Volví junto al enfermo. "Nada ha cambiado, nada ha cambiado." Por lo menos mi miedo no había cambiado. Convencí a María de que se quedara conmigo a velar a don Apolonio, y sólo recobré el control de mis nervios cuando vi que amanecía. Había empezado a llover, pero sin rayos, sin tormenta, quedamente.

Continuó lloviznando todo el día, y el otro, y el otro aún. Cuatro días de agonía. No teníamos apenas más visitas que las del médico y el señor cura; en días así nadie sale de su casa, todos se recogen y esperan a que la vida vuelva a comenzar. Son días espirituales, casi sagrados.

Si cuando menos el enfermo hubiera necesitado muchos cuidados mis horas hubieran sido menos largas, pero lo que se podía hacer por aquel cuerpo aletargado era bien poco.

La cuarta noche María se acostó en una pieza próxima y me quedé a solas con el moribundo. Oía la lluvia monótona y rezaba sin conciencia de lo que decía, adormilada y sin miedo, esperando. Los dedos se me fueron aquietando, poniendo morosos sobre las cuentas del rosario, y al acariciarlas sentía que por las yemas me entraba ese calor ajeno y propio que vamos dejando en las cosas y que nos es devuelto transformado: compañero, hermano que nos anticipa la dulce tibieza *del otro*, desconocida y sabida, nunca sentida y que habita en la médula de nuestros huesos. Suavemente, con delicia, distendidos los nervios, liviana la carne, fui cayendo en el sueño.

Debo haber dormido muchas horas: era la madrugada cuando desperté; me di cuenta porque las luces estaban apagadas y la planta eléctrica deja de funcionar a las dos de la mañana. La habitación, apenas iluminada por la lámpara de aceite que ardía sobre la cómoda a los pies de la Virgen, me recordó la noche de la boda, de *mi* boda… Hacía mucho tiempo de eso, una eternidad vacía.

Desde el fondo de la penumbra llegó hasta mí la respiración

fatigosa y quebrada de don Apolonio. Ahí estaba todavía, pero no él, el despojo persistente e incomprensible que se obstinaba en seguir aquí sin finalidad, sin motivo aparente alguno. La muerte da miedo, pero la vida mezclada, imbuida en la muerte, da un horror que tiene muy poco que ver con la muerte y con la vida. El silencio, la corrupción, el hedor, la deformación monstruosa, la desaparición final, eso es doloroso, pero llega a un clímax y luego va cediendo, se va diluyendo en la tierra, en el recuerdo, en la historia. Y esto no, el pacto terrible entre la vida y la muerte que se manifestaba en ese estertor inútil, podía continuar eternamente. Lo oía raspar la garganta insensible y se me ocurrió que no era aire lo que entraba en aquel cuerpo, o más bien que no era un cuerpo humano el que lo aspiraba y lo expelía; se trataba de una máquina que resoplaba y hacía pausas caprichosas por juego, para matar el tiempo sin fin. No había allí un ser humano, alguien jugaba con aquel ronquido. Y el horror contra el que nada pude me conquistó: empecé a respirar al ritmo entrecortado de los estertores, respirar, cortar de pronto, ahogarme, respirar, ahogarme... sin poderme ya detener, hasta que me di cuenta de que me había engañado en cuanto al sentido que tenía el juego, porque lo que en realidad sentía era el sufrimiento y la asfixia de un moribundo. De todos modos, seguí, seguí, hasta que no quedó más que un solo respirar, un solo aliento inhumano, una sola agonía. Me sentí más tranquila, aterrada pero tranquila: había quitado la barrera, podía abandonarme simplemente y esperar el final común. Me pareció que con mi abandono, con mi alianza incondicional, *aquello* se resolvería con rapidez, no podría continuar, habría cumplido su finalidad y su búsqueda persistente en el vacío.

Ni una despedida, ni un destello de piedad hacia mí. Continué el juego mortal largamente, desde un lugar donde el tiempo no importaba ya.

La respiración común se fue haciendo más regular, más calmada, aunque también más débil. Me pareció regresar. Pero estaba tan cansada que no podía moverme, sentía el letargo definitivamente anidado dentro de mi cuerpo. Abrí los ojos. Todo estaba igual.

No. Lejos, en la sombra, hay una rosa; sola, única y viva. Está ahí, recortada, nítida con sus pétalos carnosos y leves, resplandeciente. Es una presencia hermosa y simple. La miro y mi mano se mueve y recuerda su contacto y la acción sencilla de ponerla en el vaso. La miré entonces, ahora la conozco. Me muevo un poco, parpadeo, y ella sigue ahí, plena, igual a sí misma.

Respiro libremente, con mi propia respiración. Rezo, recuerdo, dormito, y la rosa intacta monta la guardia de la luz y del secreto. La muerte y la esperanza se transforman.

Pero ahora comienza a amanecer y en el cielo limpio veo, ¡al fin!, que los días de lluvia han terminado. Me quedo largo rato contemplando por la ventana cómo cambia todo al nacer el sol. Un rayo poderoso entra y la agonía me parece una mentira; un gozo injustificado me llena los pulmones y sin querer sonrío. Me vuelvo a la rosa como a una cómplice, pero no la encuentro: el sol la ha marchitado.

Volvieron los días luminosos, el calor enervante; las gentes trabajaban, cantaban, pero don Apolonio no se moría, antes bien parecía mejorar. Yo lo seguía cuidando, pero ya sin alegría, con los ojos bajos y descargando en el esmero por servirlo toda mi abnegación remordida y exacerbada: lo que deseaba, ya con toda claridad, era que aquello terminara pronto, que se muriera de una vez. El miedo, el horror que me producían su vista, su contacto, su voz, eran injustificados, porque el lazo que nos unía no era real, no podía serlo, y sin embargo yo lo sentía sobre mí como un peso, y a fuerza de bondad y de remordimientos quería desembarazarme de él.

Sí, don Apolonio mejoraba a ojos vistas. Hasta el médico estaba sorprendido, no podía explicarlo.

Precisamente la mañana en que lo senté por primera vez recargado sobre los almohadones sorprendí aquella mirada en los ojos de mi tío. Hacía un calor sofocante y lo había tenido que levantar casi en vilo. Cuando lo dejé acomodado me di cuenta: el viejo estaba mirando con una fijeza estrábica mi pecho jadeante, el rostro descompuesto y las manos temblonas inconscientemente tendidas hacia mí. Me retiré instintivamente, desviando la cabeza.

—Por favor, entrecierra los postigos, hace demasiado calor.

Su cuerpo casi muerto se calentaba.

—Ven aquí, Luisa. Siéntate a mi lado. Ven.

—Sí, tío —me senté encogida a los pies de la cama, sin mirarlo.

—No me llames tío, dime Polo, después de todo, ahora somos más cercanos parientes—. Había un dejo burlón en el tono con que lo dijo.

—Sí, tío.

—Polo, Polo —su voz era otra vez dulce y tersa—. Tendrás que perdonarme muchas cosas; soy viejo y estoy enfermo, y un hombre así es como un niño.

—Sí.

—A ver, di "Sí, Polo".

—Sí, Polo.

Aquel nombre pronunciado por mis labios me parecía una aberración, me producía una repugnancia invencible.·

Y Polo mejoró, pero se tornó irritable y quisquilloso. Yo me daba cuenta de que luchaba por volver a ser el que había sido; pero no, el que resucitaba no era él mismo, era otro.

—Luisa, tráeme... Luisa, dame... Luisa, arréglame las almohadas... dame agua... acomódame esta pierna...

Me quería todo el día rodeándolo, alejándome, acercándome, tocándolo. Y aquella mirada fija y aquella cara descompuesta del primer día reaparecían cada vez con mayor frecuencia, se iban superponiendo a sus facciones como una máscara.

—Recoge el libro. Se me cayó debajo de la cama, de este lado.

Me arrodillé y metí la cabeza y casi todo el torso debajo de la cama, pero tenía que alargar lo más posible el brazo para alcanzarlo. Primero me pareció que había sido mi propio movimiento, o quizá el roce de la ropa, pero ya con el libro cogido y cuando me reacomodaba para salir, me quedé inmóvil, anonadada por aquello que había presentido, esperado: el desencadenamiento, el grito, el trueno. Una rabia nunca sentida me estremeció cuando pude creer que era verdad aquello que estaba sucediendo, y que aprovechándose de mi asombro su mano temblona se hacía más segura y más pesada y se recreaba, se aventuraba ya sin freno palpando y recorriendo mis caderas; una mano descarnada que se pegaba a mi carne y la estrujaba con deleite, una mano muerta que buscaba impaciente el hueco entre mis piernas, una mano sola, sin cuerpo.

Me levanté lo más rápidamente que pude, con la cara ardiéndome de coraje y vergüenza, pero al enfrentarme a él me olvidé de mí y entré como un autómata en la pesadilla: se reía quedito, con su boca sin dientes. Y luego, poniéndose serio de golpe, con una frialdad que me dejó aterrada:

—¡Qué! ¿No eres mi mujer ante Dios y ante los hombres? Ven, tengo frío, caliéntame la cama. Pero quítate el vestido, lo vas a arrugar.

Lo que siguió ya sé que es mi historia, mi vida, pero apenas lo puedo recordar como un sueño repugnante, no sé siquiera si muy corto o muy largo. Hubo una sola idea que me sostuvo durante los primeros tiempos: "Esto no puede continuar, no puede continuar". Creí que Dios no podría permitir aquello, que lo impediría de alguna manera, Él, personalmente. Antes tan temida, ahora la muerte me parecía la única salvación. No la de Apolonio, no, él era un demonio de la muerte, sino la mía, la justa y necesaria muerte para mi carne corrompida. Pero nada sucedió. Todo continuó suspendido en el tiempo, sin futuro posible. Entonces, una mañana, sin equipaje, me marché.

Resultó inútil. Tres días después me avisaron que mi marido se estaba muriendo y me llamaba. Fui a ver al confesor y le conté mi historia.

—Lo que lo hace vivir es la lujuria, el más horrible pecado. Eso no es la vida, padre, es la muerte, ¡déjelo morir!

—Moriría en la desesperación. No puede ser.

—¿Y yo?

—Comprendo, pero si no vas será un asesinato. Procura no dar ocasión, encomiéndate a la Virgen, y piensa que tus deberes...

Regresé. Y el pecado lo volvió a sacar de la tumba.

Luchando, luchando sin tregua, pude vencer al cabo de los años, vencer mi odio, y al final, muy al final, también vencí a la bestia: Apolonio murió tranquilo, dulce, él mismo.

Pero yo no pude volver a la que fui. Ahora la vileza y la malicia brillan en los ojos de los hombres que me miran y yo me siento ocasión de pecado para todos, peor que la más abyecta de las prostitutas. Sola, pecadora, consumida totalmente por la llama implacable que nos envuelve a todos los que, como hormigas, habitamos este verano cruel que no termina nunca.

Lección de cocina

ROSARIO CASTELLANOS

La cocina resplandece de blancura. Es una lástima tener que mancillarla con el uso. Habría que sentarse a contemplarla, a describirla, a cerrar los ojos, a evocarla. Fijándose bien esta nitidez, esta pulcritud, carece del exceso deslumbrador que produce escalofríos en los sanatorios. ¿O es el halo de desinfectantes, los pasos de goma de las afanadoras, la presencia oculta de la enfermedad y de la muerte? Qué me importa. Mi lugar está aquí. Desde el principio de los tiempos ha estado aquí. En el proverbio alemán la mujer es sinónimo de *Küche, Kinder, Kirche.* Yo anduve extraviada en aulas; en calles, en oficinas, en cafés; desperdiciada en destrezas que ahora he de olvidar para adquirir otras. Por ejemplo, elegir el menú. ¿Cómo podría llevar al cabo labor tan improba sin la colaboración de la sociedad, de la historia entera? En un estante especial, adecuado a mi estatura, se alinean mis espíritus protectores, esas aplaudidas equilibristas que concilian en las páginas de los recetarios las contradicciones más irreductibles: la esbeltez y la gula, el aspecto vistoso y la economía, la celeridad y la suculencia. Con sus combinaciones infinitas: la esbeltez y la economía, la celeridad y el aspecto vistoso, la suculencia y... ¿Qué me aconseja usted para la comida de hoy, experimentada ama de casa, inspiración de las madres ausentes y presentes, voz de la tradición, secreto a voces de los supermercados? Abro un libro al azar y leo: "La cena de don Quijote". Muy literario pero muy insatisfactorio. Porque don Quijote no tenía fama de gourmet sino de despistado. Aunque un análisis más a fondo del texto nos revela, etc., etc., etc. Uf. Ha corrido más tinta en torno a esa figura que agua debajo de los puentes. "Pajaritos de centro de cara." Esotérico. ¿La cara de quién? ¿Tiene un centro la cara de algo o de alguien? Si lo tiene no ha de ser apetecible. "Bigos a la rumana." Pero ¿a quién supone usted que se está dirigiendo? Si yo supiera lo que es estragón y ananá no estaría consultando este libro porque sabría muchas otras cosas. Si tuviera usted el mínimo sentido de la realidad debería, usted misma o cualquiera de sus colegas, tomarse el trabajo de escribir un diccionario de términos técnicos, redactar unos prolegómenos, idear una propedéutica para hacer accesible al profano el difícil arte culinario. Pero parten del supuesto de que todas estamos en el ajo y se limitan a enunciar. Yo, por lo menos, declaro solemnemente que no estoy, que no he estado nunca ni en este ajo que ustedes comparten ni en ningún otro. Jamás he entendido nada de nada. Pueden ustedes observar los síntomas: me planto, hecha una imbécil, dentro de una cocina impecable y neutra, con el delantal que usurpo para hacer un simulacro de eficiencia y del que seré despojada vergonzosa pero justicieramente.

Abro el compartimiento del refrigerador que anuncia "carnes" y extraigo un paquete irreconocible bajo su capa de hielo. La disuelvo en agua caliente y se me revela el título sin el cual no habría identificado jamás su contenido: es carne especial para asar. Magnífico. Un plato sencillo y sano. Como no representa la superación de ninguna antinomia ni el planteamiento de ninguna aporía, no se me antoja.

Y no es sólo el exceso de lógica el que me inhibe el hambre. Es también el aspecto, rígido por el frío; es el color que se manifiesta ahora que he desbaratado el paquete. Rojo, como si estuviera a punto de echarse a sangrar.

Del mismo color teníamos la espalda, mi marido y yo, después de las orgiásticas asoleadas en las playas de Acapulco. Él podía darse el lujo de "portarse como quien es" y tenderse boca abajo para que no le rozara la piel dolorida. Pero yo, abnegada mujercita mexicana que nació como la paloma para el nido, sonreía a semejanza de Cuauhtémoc en el suplicio cuando dijo "mi lecho no es de rosas" y se volvió a callar. Boca arriba soportaba no sólo mi propio peso sino el de él encima del mío. La postura clásica para hacer el amor. Y gemía, de desgarramiento, de placer. El gemido clásico. Mitos, mitos.

Lo mejor (para mis quemaduras, al menos) era cuando se quedaba dormido. Bajo la yema de mis dedos —no muy sensibles por el prolongado contacto con las teclas de la máquina de escribir— el *nylon* de mi camisón de desposada resbalaba en un fraudulento esfuerzo por parecer encaje. Yo jugueteaba con la punta de los botones y esos otros adornos que hacen parecer tan femenina a quien los usa, en la oscuridad de la alta noche. La albura de mis ropas, deliberada, reiterativa, impúdicamente simbólica, quedaba abolida transitoriamente. Algún instante quizá alcanzó a consumar su significado bajo la luz y bajo la mirada de esos ojos que ahora están vencidos por la fatiga.

Unos párpados que se cierran y he aquí, de nuevo, el exilio. Una enorme extensión arenosa, sin otro desenlace que el mar cuyo movimiento propone la parálisis; sin otra invitación que la del acantilado al suicidio.

Pero es mentira. Yo no soy el sueño que sueña, que sueña, que sueña; yo no soy el reflejo de una imagen en un cristal; a mí no me aniquila la cerrazón de una conciencia o de toda conciencia posible. Yo continúo viviendo con una vida densa, viscosa, turbia, aunque el que está a mi lado y el remoto me ignoren, me olviden, me pospongan, me abandonen, me desamen.

Yo también soy una conciencia que puede clausurarse, desamparar a otro y exponerlo al aniquilamiento. Yo… La carne, bajo la rociadura de la sal, ha acallado el escándalo de su rojez y ahora me resulta más tolerable, más familiar. Es el trozo que vi mil veces, sin darme cuenta, cuando me asomaba, de prisa, a decirle a la cocinera que…

No nacimos juntos. Nuestro encuentro se debió a un azar ¿feliz? Es demasiado pronto aún para afirmarlo. Coincidimos en una exposición, en una conferencia, en un cineclub; tropezamos en un elevador; me cedió su asiento en el tranvía; un guardabosques interrumpió nuestra perpleja y, hasta entonces, paralela contemplación de la jirafa porque era hora de cerrar el zoológico. Alguien, él o yo, es igual, hizo la pregunta idiota pero indispensable: ¿usted trabaja o estudia? Armonía del interés y de las buenas intenciones, manifestación de propósitos "serios". Hace un año yo no tenía la menor idea de su existencia y ahora reposo junto a él con los muslos entrelazados, húmedos de sudor y de semen. Podría levantarme sin despertarlo, ir descalza hasta la regadera. ¿Purificarme? No tengo asco. Prefiero creer que lo que me une a él es algo tan fácil de borrar como una secreción y no tan terrible como un sacramento.

Así que permanezco inmóvil, respirando rítmicamente para imitar el sosiego, puliendo mi insomnio, la única joya de soltera que he conservado y que estoy dispuesta a conservar hasta la muerte.

Bajo el breve diluvio de pimienta la carne parece haber encanecido. Desvanezco este signo de vejez frotando como si quisiera traspasar la superficie e impregnar el espesor con las esencias. Porque perdí mi antiguo nombre y aún no me acostumbro al nuevo, que tampoco es mío. Cuando en el vestíbulo del hotel algún empleado me reclama yo permanezco sorda, con ese vago malestar que es el preludio del reconocimiento. ¿Quién será la persona que no atiende a la llamada? Podría tratarse de algo urgente, grave, definitivo, de vida o muerte. El que llama se desespera, se va sin dejar ningún rastro, ningún mensaje y anula la posibilidad de cualquier nuevo encuentro. ¿Es la angustia la que oprime mi corazón? No, es su mano la que oprime mi hombro. Y sus labios que sonríen con una burla benévola, más que de dueño, de taumaturgo.

Y bien, acepto mientras nos encaminamos al bar (el hombro me arde, está despellejándose), es verdad que en el contacto o colisión con él he sufrido una metamorfosis profunda: no sabía y sé, no sentía y siento, no era y soy.

Habrá que dejarla reposar así. Hasta que ascienda a la temperatura ambiente, hasta que se impregne de los sabores de que la he recubierto. Me da la impresión de que no he sabido calcular bien y de que he comprado un pedazo excesivo para nosotros dos. Yo, por pereza, no soy carnívora. Él, por estética, guarda la línea. ¡Va a sobrar casi todo! Sí, ya sé que no debo preocuparme: que alguna de las hadas que revolotean en torno mío va a acudir en mi auxilio y a explicarme cómo se aprovechan los desperdicios. Es un paso en falso de todos modos. No se inicia una vida conyugal de manera tan sórdida. Me temo que no se inicie tampoco con un platillo tan anodino como la carne asada.

Gracias, murmuro, mientras me limpio los labios con la punta de la servilleta. Gracias por la copa transparente, por la aceituna sumergida. Gracias por haberme abierto la jaula de una rutina estéril para cerrarme la jaula de otra rutina que, según todos los propósitos y las posibilidades, ha de ser fecunda. Gracias por darme la oportunidad de lucir un traje largo y caudaloso, por ayudarme a avanzar en el interior del templo, exaltada por la música del órgano. Gracias por...

¿Cuánto tiempo se tomará para estar lista? Bueno, no debería de importarme demasiado porque hay que ponerla al fuego a última hora. Tarda muy poco, dicen los manuales. ¿Cuánto es poco? ¿Quince minutos? ¿Diez? ¿Cinco? Naturalmente, el texto no especifica. Me supone una intuición que, según mi sexo, debo poseer pero que no poseo, un sentido sin el que nací que me permitiría advertir el momento preciso en que la carne está a punto.

¿Y tú? ¿No tienes nada que agradecerme? Lo has puntualizado con una solemnidad un poco pedante y con una precisión que acaso pretendía ser halagadora pero que me resultaba ofensiva: mi virginidad. Cuando la descubriste yo me sentí como el último dinosaurio en un planeta del que la especie había desaparecido. Ansiaba justificarme, explicar que si llegué hasta ti intacta no fue por virtud ni por orgullo ni por fealdad sino por apego a un estilo. No soy barroca. La pequeña imperfección en la perla me es insoportable. No me queda entonces más alternativa que el neoclásico, y su rigidez es incompatible con la espontaneidad para hacer el amor. Yo carezco de la soltura del que rema, del que juega al tenis, del que se desliza bailando. No practico ningún deporte. Cumplo un rito y el ademán de entrega se me petrifica en un gesto estatuario.

¿Acechas mi tránsito a la fluidez, lo esperas, lo necesitas? ¿O te basta este hieratismo que te sacraliza y que tú interpretas como la pasividad que corresponde a mi naturaleza? Y si a la tuya corresponde ser voluble te tranquilizará pensar que no estorbaré tus aventuras. No será indispensable —gracias a mi temperamento— que me cebes, que me ates de pies y manos con los hijos, que me amordaces con la miel espesa de la resignación. Yo permaneceré como permanezco. Quieta. Cuando dejas caer tu cuerpo sobre el mío siento que me cubre una lápida, llena de inscripciones, de nombres ajenos, de fechas memorables. Gimes inarticuladamente y quisiera susurrarte al oído mi nombre para que recuerdes quién es a la que posees.

Soy yo. ¿Pero quién soy yo? Tu esposa, claro. Y ese título basta para distinguirme de los recuerdos del pasado, de los proyectos para el porvenir. Llevo una marca de propiedad y no obstante me miras con desconfianza. No estoy tejiendo una red para prenderte. No soy una mantis religiosa. Te agradezco que creas en semejante hipótesis. Pero es falsa.

Esta carne tiene una dureza y una consistencia que no caracterizan a las reses. Ha de ser de mamut. De esos que se han conservado, desde la prehistoria, en los hielos de Siberia y que los campesinos descongelan y sazonan para la comida. En el aburridísimo documental que exhibieron en la embajada, tan lleno de detalles superfluos, no se hacía la menor alusión al tiempo que dedicaban a volverlos comestibles. Años, meses. Y yo tengo a mi disposición un plazo de...

¿Es la alondra? ¿Es el ruiseñor? No, nuestro horario no va a regirse por tan aladas criaturas como las que avisaban el advenimiento de la aurora a Romeo y Julieta sino por un estentóreo e inequívoco despertador. Y tú no bajarás al día por la escala de mis trenzas sino por los pasos de una querella minuciosa: se te ha desprendido un botón del saco, el pan está quemado, el café frío.

Yo rumiaré, en silencio, mi rencor. Se me atribuyen las responsabilidades y las tareas de una criada para todo. He de mantener la casa impecable, la ropa lista, el ritmo de la alimentación infalible. Pero no se me paga ningún sueldo, no se me concede un día libre a la semana, no puedo cambiar de amo. Debo, por otra parte, contribuir al sostenimiento del hogar y he de desempeñar con eficacia un trabajo en el que el jefe exige y los compañeros conspiran y los subordinados odian. En mis ratos de ocio me transformo en una dama de sociedad que ofrece comidas y cenas a los amigos de su marido, que asiste a reuniones, que se abona a la ópera, que controla su peso, que renueva su guardarropa, que cuida la lozanía de su cutis, que se conserva atractiva, que está al tanto de los chismes, que se desvela y que madruga, que corre el riesgo mensual de la maternidad, que cree en las juntas nocturnas de ejecutivos, en los viajes de negocios y en la llegada de clientes imprevistos; que padece alucinaciones olfativas cuando percibe la emanación de perfumes franceses (diferentes de los que ella usa) de las camisas, de los pañuelos de su marido; que en sus noches solitarias se niega a pensar por qué o para qué tantos afanes y se prepara una bebida bien cargada y lee una novela policiaca con ese ánimo frágil de los convalecientes.

¿No sería oportuno prender la estufa? Una lumbre muy baja para que se vaya calentando, poco a poco, el asador "que previamente ha de untarse con un poco de grasa para que la carne no se pegue". Eso se me ocurre hasta a mí, no había necesidad de gastar en esas recomendaciones las páginas de un libro.

Y yo, soy muy torpe. Ahora se llama torpeza; antes se llamaba inocencia y te encantaba. Pero a mí no me ha encantado nunca. De soltera leía cosas a escondidas. Sudando de emoción y de vergüenza. Nunca me enteré de nada. Me latían las sienes, se me nublaban los ojos, se me contraían los músculos en un espasmo de náusea.

El aceite está empezando a hervir. Se me pasó la mano, manirrota, y ahora chisporrotea y salta y me quema. Así voy a quemarme yo en los apretados infiernos por mi culpa, por mi culpa, por mi grandísima culpa. Pero, niñita, tú no eres la única. Todas tus compañeras de colegio hacen lo mismo, o cosas peores, se acusan en el confesionario, cumplen la penitencia, las perdonan y reinciden. Todas. Si yo hubiera seguido frecuentándolas me sujetarían ahora a un interrogatorio. Las casadas para cerciorarse, las solteras para averiguar hasta dónde pueden aventurarse. Imposible defraudarlas. Yo inventaría acrobacias, desfallecimientos sublimes, transportes, como se les llama en *Las mil y una noches*, récords. ¡Si me oyeras entonces no te reconocerías, Casanova!

Dejo caer la carne sobre la plancha e instintivamente retrocedo hasta la pared. ¡Qué estrépito! Ahora ha cesado. La carne yace silenciosamente, fiel a su condición de cadáver. Sigo creyendo que es demasiado grande.

Y no es que me hayas defraudado. Yo no esperaba, es cierto, nada en particular. Poco a poco iremos revelándonos mutuamente, descubriendo nuestros secretos, nuestros pequeños trucos, aprendiendo a complacernos. Y un día tú y yo seremos una pareja de amantes perfectos y entonces, en la mitad de un abrazo, nos desvaneceremos y aparecerá en la pantalla la palabra *fin*.

¿Qué pasa? La carne se está encogiendo. No, no me hago ilusiones, no me equivoco. Se puede ver la marca de su tamaño original por el contorno que dibujó en la plancha. Era un poco más grande. ¡Qué bueno! Ojalá quede a la medida de nuestro apetito.

Para la siguiente película me gustaría que me encargaran otro papel. ¿Bruja blanca en una aldea salvaje? No, hoy no me siento inclinada ni al heroísmo ni al peligro. Más bien mujer famosa (diseñadora de modas o algo así), independiente y rica que vive sola en un apartamento en Nueva York, París o Londres. Sus *affaires* ocasionales la divierten pero no la alteran. No es sentimental. Después de una escena de ruptura enciende un cigarrillo y contempla el paisaje urbano al través de los grandes ventanales de su estudio.

Ah, el color de la carne es ahora mucho mas decente. Sólo en algunos puntos se obstina en recordar su crudeza. Pero lo demás es dorado y exhala un aroma delicioso. ¿Irá a ser suficiente para los dos? La estoy viendo muy pequeña.

Si ahora mismo me arreglara, estrenara uno de esos modelos

que forman parte de mi *trousseau* y saliera a la calle ¿qué sucedería, eh? A la mejor me abordaba un hombre maduro, con automóvil y todo. Maduro. Retirado. El único que a estas horas puede darse el lujo de andar de cacería.

¿Qué rayos pasa? Esta maldita carne está empezando a soltar un humo negro y horrible. ¡Tenía yo que haberle dado vuelta! Quemada de un lado. Menos mal que tiene dos.

Señorita, si usted me permitiera... ¡Señora! y le advierto que mi marido es muy celoso... Entonces no debería dejarla andar sola. Es usted una tentación para cualquier viandante. Nadie en el mundo dice viandante. ¿Transeúnte? Sólo los periódicos cuando hablan de los atropellados. Es usted una tentación para cualquier x. Silencio. Sig-ni-fi-ca-ti-vo. Miradas de esfinge. El hombre maduro me sigue a prudente distancia. Más le vale. Más me vale a mí porque en la esquina ¡zas! Mi marido, que me espía, que no me deja ni a sol ni a sombra, que sospecha de todo y de todos, señor juez. Que así no es posible vivir, que yo quiero divorciarme.

¿Y ahora qué? A esta carne su mamá no le enseñó que era carne y que debería de comportarse con conducta. Se enrosca igual que una charamusca. Además yo no sé dónde puede seguir sacando tanto humo si ya apagué la estufa hace siglos. Claro, claro, doctora Corazón. Lo que procede ahora es abrir la ventana, conectar el purificador de aire para que no huela a nada cuando venga mi marido. Y yo saldría muy mona a recibirlo a la puerta, con mi mejor vestido, mi mejor sonrisa y mi más cordial invitación a comer fuera.

Es una posibilidad. Nosotros examinaríamos la carta del restaurante mientras un miserable pedazo de carne carbonizada yacería, oculto, en el fondo del bote de la basura. Yo me cuidaría mucho de no mencionar el incidente y sería considerada como una esposa un poco irresponsable, con proclividades a la frivolidad pero no como una tarada. Ésta es la primera imagen pública que proyecto y he de mantenerme después consecuente con ella, aunque sea inexacta.

Hay otra posibilidad. No abrir la ventana, no conectar el purificador de aire, no tirar la carne a la basura. Y cuando venga mi marido dejar que olfatee, como los ogros de los cuentos, y diga que aquí huele, no a carne humana, sino a mujer inútil. Yo exageraré mi compunción para incitarlo a la magnanimidad. Después de todo, lo ocurrido ¡es tan normal! ¿A qué recién casada no le pasa lo que a mí acaba de pasarme? Cuando vayamos a visitar a mi suegra, ella, que todavía está en la etapa de no agredirme porque no conoce aún cuáles son mis puntos débiles, me relatará sus propias experiencias. Aquella vez, por ejemplo, que su marido le pidió un par de huevos estrellados y ella tomó la frase al pie de la letra y... ja, ja, ja. ¿Fue eso un obstáculo para que llegara a convertirse en una viuda fabulosa, digo, en una cocinera fabulosa? Porque lo de la viudez sobrevino mucho más tarde y por otras causas. A partir de entonces ella dio rienda suelta a sus instintos maternales y echó a perder con sus mimos...

No, no le va a hacer la menor gracia. Va a decir que me distraje, que es el colmo del descuido. Y, sí, por condescendencia yo voy a aceptar sus acusaciones.

Pero no es verdad, no es verdad. Yo estuve todo el tiempo pendiente de la carne, fijándome en que le sucedían una serie de cosas rarísimas. Con razón santa Teresa decía que Dios anda en los pucheros. O la materia que es energía o como se llame ahora.

Recapitulemos. Aparece, primero el trozo de carne con un color, una forma, un tamaño. Luego cambia y se pone más bonita y se siente una muy contenta. Luego vuelve a cambiar y ya no está tan bonita. Y sigue cambiando y cambiando y cambiando y lo que uno no atina es cuándo pararle el alto. Porque si yo dejo este trozo de carne indefinidamente expuesto al fuego, se consume hasta que no queden ni rastros de él. Y el trozo de carne que daba la impresión de ser algo tan sólido, tan real, ya no existe.

¿Entonces? Mi marido también da la impresión de solidez y de realidad cuando estamos juntos, cuando lo toco, cuando lo veo. Seguramente cambia, y cambio yo también, aunque de manera tan lenta, tan morosa que ninguno de los dos lo advierte. Después se va y bruscamente se convierte en recuerdo y... Ah, no, no voy a caer en esa trampa: la del personaje inventado y el narrador inventado y la anécdota inventada. Además, no es la consecuencia que se deriva lícitamente del episodio de la carne.

La carne no ha dejado de existir. Ha sufrido una serie de metamorfosis. Y el hecho de que cese de ser perceptible para los sentidos no significa que se haya concluido el ciclo sino que ha dado el salto cualitativo. Continuará operando en otros niveles. En el de mi conciencia, en el de mi memoria, en el de mi voluntad, modificándome, determinándome, estableciendo la dirección de mi futuro.

Yo seré, de hoy en adelante, lo que elija en este momento. Seductoramente aturdida, profundamente reservada, hipócrita. Yo impondré, desde el principio, y con un poco de impertinencia, las reglas del juego. Mi marido resentirá la impronta de mi dominio que irá dilatándose, como los círculos en la superficie del agua sobre la que se ha arrojado una piedra. Forcejeará por prevalecer y si cede yo le corresponderé con el desprecio y si no cede yo no seré capaz de perdonarlo.

Si asumo la otra actitud, si soy el caso típico, la femineidad que solicita indulgencia para sus errores, la balanza se inclinará a favor de mi antagonista y yo participaré en la competencia con un *handicap* que, aparentemente, me destina a la derrota y que, en el fondo, me garantiza el triunfo por la sinuosa vía que recorrieron mis antepasadas, las humildes, las que no abrían los labios sino para asentir, y lograron la obediencia ajena hasta al más irracional de sus caprichos. La receta, pues, es vieja y su eficacia está comprobada. Si todavía lo dudo me basta preguntar a la más próxima de mis vecinas. Ella confirmará mi certidumbre.

Sólo que me repugna actuar así. Esta definición no me es aplicable y tampoco la anterior, ninguna corresponde a mi verdad interna, ninguna salvaguarda mi autenticidad. ¿He de acogerme a cualquiera de ellas y ceñirme a sus términos sólo porque es un lugar común aceptado por la mayoría y comprensible para todos? Y no es que yo sea una *rara avis*. De mí se puede decir lo que Pfandl dijo de sor Juana: que pertenezco a la clase de neuróticos cavilosos. El diagnóstico es muy fácil ¿pero qué consecuencias acarrearía asumirlo?

Si insisto en afirmar mi versión de los hechos mi marido va a mirarme con suspicacia, va a sentirse incómodo en mi compañía y va a vivir en la continua expectativa de que se me declare la locura.

Nuestra convivencia no podrá ser más problemática. Y él no quiere conflictos de ninguna índole. Menos aun conflictos tan abstractos, tan absurdos, tan metafísicos como los que yo le plantearía. Su hogar es el remanso de paz en que se refugia de las tempestades de la vida. De acuerdo. Yo lo acepté al casarme y estaba dispuesta a llegar hasta el sacrificio en aras de la armonía conyugal. Pero yo contaba con que el sacrificio, el renunciamiento completo a lo que soy, no se me demandaría más que en la Ocasión Sublime, en la Hora de las Grandes Resoluciones, en el Momento de la Decisión Definitiva. No con lo que me he topado hoy que es algo muy insignificante, muy ridículo. Y sin embargo…

Tachas

Efrén Hernández

Eran las 6 y 35 minutos de la tarde.

El maestro dijo: ¿Qué cosa son tachas? Pero yo estaba pensando en muchas cosas; además, no sabía la clase.

El salón de estos hechos tiene tres puertas, de madera pintada de rojo, con un vidrio en cada hoja, despulido en la mitad de abajo.

A través de la parte no despulida del vidrio de la puerta de la cabecera del salón, veíanse, desde el lugar en que yo estaba: un pedazo de pared, un pedazo de puerta y unos alambres de la instalación de luz eléctrica. A través de la puerta de en medio, se veía lo mismo, poco más o menos lo mismo, y, finalmente, a través de la tercera puerta, las molduras del remate de una columna y un lugarcito triangular de cielo.

Por este triangulito iban pasando nubes, nubes, lentamente. No vi pasar en todo el tiempo, sino nubes, y un veloz, ágil, fugitivo pájaro.

Es muy divertido contemplar las nubes, las nubes que pasan, las nubes que cambian de forma, que se van extendiendo, que se van alargando, que se tuercen, que se rompen, sobre el cielo azul, un poco después que terminó la lluvia.

El maestro dijo:

—¿Qué cosa son tachas?

La palabrita extraña se metió en mis oídos como un ratón

a su agujero, y se quedó en él, agazapada. Después entró un silencio caminando en las puntitas de los pies, un silencio que, como todos los silencios, no hacía ruido.

No sé por qué, pero yo pienso que lo que me hizo volver, aunque a medias, a la realidad, no fueron las palabras, sino el silencio que después se hizo; porque el maestro estaba hablando desde mucho antes, y, sin embargo, yo no había escuchado nada.

¿Tachas? ¿Pero, qué cosa son tachas? Pensé yo. ¿Quién va a saber lo que son tachas? Nadie sabe siquiera qué cosa son cosas, nadie sabe nada, nada.

Yo, por mi parte, como ejemplo, no puedo decir lo que soy, ni siquiera qué cosa estoy haciendo aquí, ni para qué lo estoy haciendo. No sé tampoco si estará bien o mal. Porque en definitiva, ¿quién es aquel que atinó con su verdadero camino? ¿Quién es aquel que está seguro de no haberse equivocado?

Siempre tendremos esta duda primordial.

En lo ancho de la vida van formando numerosos cruzamientos los senderos. ¿Por cuál dirigiremos nuestros pasos? ¿Entre estos veinte, entre estos treinta, entre estos mil caminos, cuál será aquel, que una vez seguido, no nos deje el temor de haber errado?

Ahora, el cielo, nuevamente se cubría de nubes, e iban haciéndose en cada momento más espesas; de azul, sólo quedaba sin cubrir un pedacito del tamaño de un quinto. Una llovizna lenta descendía, matemáticamente vertical, porque el aire estaba inmóvil, como una estatua.

Cervantes nos presenta en su libro: *Trabajos de Persiles y Sigismunda*, una llanura inmóvil y en ella están los peregrinantes, bajo el cielo gris, y en la cabeza de ellos, hay esta misma pregunta. Y en todo el libro no llega a resolverla.

Este problema no inquieta a los animales, ni a las plantas,

ni a las piedras. Ellos lo han resuelto fácilmente, plegándose a la voluntad de la Naturaleza. El agua hace bien, perfectamente, siguiendo la cuesta, sin intentar subir.

De esta misma manera, parece que lo resolvió Cervantes, no en Persiles que era un cuerdo, sino en don Quijote, que es un loco.

Don Quijote soltaba las riendas al caballo e iba más tranquilo y seguro que nosotros.

El maestro dijo:

—¿Qué cosa son tachas?

Sobre el alambre, bajo el arco, se posó un pajarito diminuto, de color de tierra, sacudiendo las plumas para arrojar el agua.

Cantaba el pajarito, u fifí, fifí. De fijo el pajarito estaba muy contento. Dijo esto con la garganta al aire; pero en cuanto lo dijo se puso pensativo. No, pensó, con seguridad, esta canción no es elegante. Pero no era ésta la verdad, me di cuenta, o creí darme cuenta, de que el pajarito no pensaba con sinceridad. La verdad era otra, la verdad era que quien silbaba esta canción era la criada, y él sentía hacia ella cierta antipatía, porque cuando le arreglaba la jaula, lo hacía de prisa y con mal modo.

La criada de esa casa, ¿se llama Imelda? No, Imelda es la muchacha que vende cigarros Elegantes, cigarros Monarcas, chicles, chocolates y cerillas, en el estanquillo de la esquina. ¿Margarita? No, tampoco se llama Margarita. Margarita es nombre para una mujer bonita y joven, de manos largas y blancas, y de ojos dorados. ¿Petra? Sí, este sí es nombre de criada, o Tacha.

¿Pero en qué estaría pensando cuando dije que nadie sabe qué cosa es tacha?

Es una lástima que el pajarito se haya ido. ¿Para dónde se habrá ido ahora el pajarito? Ahora estará parado en otro alambre, cantando u fiiiii, pero yo ya no lo escucho. Es una lástima.

Ya el cielo estaba un poco descubierto, era un intermedio en la llovizna. Llegaba el anochecimiento lentamente. La llegada de la sombra daba un sentido más hondo al firmamento. Las estrellas de todas las noches, las estrellas de siempre, comenzaron a abrirse por orden de estaturas y distancias.

De abajo subía el ruido de toda la ciudad; de arriba caía el silencio de todo el infinito.

De cierto, no sé qué cosa tiene el cielo aquí, que transparenta el universo a través de un velo de tristeza.

Allá son muy raras las tardes como ésta, casi siempre se muestra el cielo transparente, teñido de un maravilloso azul, que no he encontrado nunca en otra parte alguna. Cuando empieza a anochecer, se ven en su fondo las estrellas, incontables, como arenitas de oro bajo ciertas aguas que tienen privilegios de diamante.

Allá se ven más claritas que en ninguna parte las facciones de la luna. Quien no ha estado allá de verdad no sabe cómo será la luna. Tal vez, por esto, tienen aquí la idea de que la luna es melancólica. Ésta es una gran mentira de la literatura. ¡Qué ha de ser melancólica la luna!

La luna es sonriente y sonrosada, lo que pasa es que aquí no la conocen. Su sonrisa es suave, detrás de sus labios asoman unos dientes menuditos y finos, como perlas, y sus ojos son violáceos, de ese color ligeramente lila que vemos en la frente de las albas, y en torno a sus ojeras florecen manojitos de violetas, como suelen alrededor de las fuentes profundas.

Allá todo es inmaculado, allá todo es sin tachas… tachas, otra vez tachas. ¿En qué estaría yo pensando, cuando dije que nadie sabe qué cosa son tachas?

Había pensado esto con la propia velocidad del pensamiento, y Dios que diga lo que seguiría pensando, si no fuera porque el maestro repitió por cuarta o quinta vez, y ya con voz más fuerte:

—¿Qué cosa son tachas?

Y añadió:

—A usted es a quien se lo pregunto, a usted, señor Juárez.

—¿A mí, maestro?

—Sí, señor, a usted.

Entonces fue cuando me di cuenta de una multitud de cosas. En primer lugar, todos me veían fijamente. En segundo lugar, y sin ningún género de dudas, el maestro se dirigía a mí. En tercer lugar, las barbas y los bigotes del maestro parecían nubes en forma de bigotes y de barbas, y en cuarto lugar, algunas otras; pero la verdaderamente grave era la segunda.

Malos consejos, experimentos turbios de malos estudiantes, me asaltaron entonces y me aseguraron que era necesario decir algo.

—Lo peor de todo es callarse, me habían dicho. Y así, todavía no despertado por completo, hablé sin ton ni son, lo primero que me vino a la cabeza.

No podría yo atinar con el procedimiento que empleó mi cerebro lleno de tantos pájaros y de tantas nubes, para salir del paso, pero el caso es que escucharon todo esto que yo solté, muy seriamente:

—Maestro, esta palabra tiene muchas acepciones, y como aún es tiempo, pues casi nos sobra media hora, procuraré examinar cada una de ellas, comenzando por la menos importante, y siguiendo progresivamente, según el interés que cada una nos presente.

Yo estoy desengañado de que no estoy loco; si lo estuviera, ¿por qué lo había de negar?; lo que pasa es otra cosa, que no está bueno explicar, porque su explicación es larga. De modo que la vez a que me vengo refiriendo, yo hablaba como si estuviera solo, monologando. Y noto que usted guarda silencio…

Usted, en aquel rato, para mí, no significaba nadie; según la realidad, debía ser el maestro; según la gramática, aquel a quien dirigiera la palabra, mas para mí, usted no era nadie, absolutamente nadie. Era el personaje imaginario, con quien yo platico cuando estoy a solas. Buscando el lugar que le corresponda entre los casilleros de la analogía, corresponde a esta palabra el lugar de los pronombres; sin embargo, no es un pronombre personal, ni ningún pronombre de los ya clasificados. Es una suerte de pronombre personal que, poco más o menos, puede definirse así. Una palabra que yo uso algunas veces para fingir que hablo con alguien, estando en realidad a solas. Seguí:

—Noto que usted guarda silencio, y como el que calla otorga, daré principio, haciéndolo de la manera que ya dije. La primera acepción, pues, es la siguiente: tercera persona del presente de indicativo del verbo tachar, que significa: poner una línea sobre una palabra, un renglón o un número que haya sido mal escrito. La segunda es esta otra: si una persona tiene por nombre Anastasia, quien la quiera mucho empleará, para designarla, esta palabra. Así, el novio le dirá:

"—Tú eres mi vida, Tacha.

"La mamá:

"—¿Ya barriste, Tacha, la habitación de tu papá?

"El hermano:

"—¡Anda, Tacha, cóseme este botón!

"Y finalmente, para no alargarme mucho, el marido, si la ve descuidada (Tacha puede hacer funciones de Ramona), saldrá poquito a poco, sin decir ninguna cosa.

"La tercera es aquella en que aparece formando parte de una locución adverbial. Y esta significación tiene que ver únicamente con uno de tantos modos de preparar la calabaza. ¿Quién es aquel que no ha oído decir alguna vez, calabaza en tacha? Y, por último, la acepción en que la toma nuestro código de procedimientos."

Aquí entoné, de manera que se notara bien, un punto final. Y Orteguita, el paciente maestro que dicta en la cátedra de procedimientos, con la magnanimidad de un santo, insinuó pacientemente:

—Y, díganos, señor, ¿en qué acepción la toma el código de procedimientos?

Ahora, ya un poquito cohibido, confesé:

—Ésa es la única acepción que no conozco. Usted me perdonará, maestro, pero...

Todo el mundo se rió: Aguilar, Jiménez Tavera, Poncianito, Elodia Cruz, Orteguita. Todos se rieron, menos *el Tlacuache* y yo que no somos de este mundo.

Yo no puedo hallar el chiste, pero teorizando, me parece que casi todo lo que es absurdo hace reír. Tal vez porque estamos en un mundo en que todo es absurdo, lo absurdo parece natural y lo natural parece absurdo. Y yo soy así, me parece natural ser como soy. Para los otros no, para los otros soy extravagante.

Lo natural sería, dice Gómez de la Serna,[1] que los pajaritos dormidos se cayeran de los árboles. Y todos lo sabemos bien, aunque es absurdo, los pajaritos no se caen.

Ya estoy en la calle, la llovizna cae, y viendo yo la manera como llueve, estoy seguro de que a lo lejos, perdido entre las calles, alguien, detrás de unas vidrieras, está llorando porque llueve así.

---

[1] *Gómez de la Serna*: Ramón Gómez de la Serna (1888-1963), escritor español célebre por sus "greguerías", género de poesía muy breve que consistía en chistes rápidos e ingeniosos.

What became of Pampa Hash?

Jorge Ibargüengoitia

¿Cómo llegó? ¿De dónde vino? Nadie lo sabe. El primer signo que tuve de su presencia fueron las pantaletas.

Yo acababa de entrar en el camarote (el único camarote) con la intención de abrir una lata de sardinas y comérmelas, cuando noté que había un mecate que lo cruzaba en el sentido longitudinal y de éste, sobre la mesa y precisamente a la altura de los ojos de los comensales, pendían las pantaletas. Poco después se oyó el ruido del agua en el excusado y cuando levanté los ojos vi una imagen que se volvería familiar más tarde, de puro repetirse: Pampa Hash saliendo de la letrina. Me miró como sólo puede hacerlo una doctora en filosofía: ignorándolo todo, la mesa, las sardinas, las pantaletas, el mar que nos rodea, todo, menos mi poderosa masculinidad.

Ese día no llegamos a mayores. En realidad, no pasó nada, ni nos saludamos siquiera. Ella me miró y yo la miré, ella salió a cubierta y yo me quedé en el camarote comiéndome las sardinas. No puede decirse, entonces, como algunas lenguas viperinas han insinuado, que hayamos sido víctimas del amor a primera vista: fue más bien el *cafard* lo que nos unió.

Ni siquiera nuestro segundo encuentro fue definitivo desde el punto de vista erótico.

Estábamos cuatro hombres a la orilla del río tratando de inflar una balsa de hule, cuando la vimos aparecer en traje de baño. Era formidable. Poseído de ese impulso que hace que el hombre quiera desposarse con la Madre Tierra de vez en cuando, me apoderé de la bomba de aire y bombeé como un loco. En cinco minutos la balsa estaba a reventar y mis manos cubiertas de unas ampollas que con el tiempo se hicieron llagas. Ella me miraba.

"She thinks I'm terrific", pensé en inglés. Echamos la balsa al agua y navegamos en ella "por el río de la vida", como dijo Lord Baden-Powell.

¡Ah, qué viaje homérico! Para calentar la comida rompí unos troncos descomunales con mis manos desnudas y ampolladas; soplé el fuego hasta casi perder el conocimiento; luego trepé en una roca y me tiré de clavado desde una altura que normalmente me hubiera hecho sudar frío; pero lo más espectacular de todo fue cuando me dejé ir nadando por un rápido y ella gritó aterrada. Me recogieron ensangrentado cien metros después. Cuando terminó la travesía y la balsa estaba empacada y subida en el *jeep*, yo me vestí entre unos matorrales y estaba poniéndome los zapatos sentado en un piedra, cuando ella apareció, todavía en traje de baño, con la mirada baja y me dijo:

—*Je me veux baigner.*

Y la corregí:

—*Je veux me baigner.*

Me levanté y traté de violarla, pero no pude.

La conquisté casi por equivocación. Estábamos en una sala, ella y yo solos, hablando de cosas sin importancia, cuando ella me preguntó:

—¿Qué zona postal es tal y tal dirección?

Yo no sabía, pero le dije que consultara el directorio telefónico. Pasó un rato, ella salió del cuarto y la oí que me llamaba; fui al lugar en donde estaba el teléfono y la encontré inclinada sobre el directorio:

—¿Dónde están las zonas? —me preguntó.

Yo había olvidado la conversación anterior y entendí que me preguntaba por las zonas erógenas. Y le dije dónde estaban. Habíamos nacido el uno para el otro: entre los dos pesábamos ciento sesenta kilos. En los meses que siguieron, durante nuestra tumultuosa y apasionada relación, me llamó búfalo, orangután, rinoceronte... en fin, todo lo que se puede llamar a un hombre sin ofenderlo. Yo estaba en la inopia y ella parecía sufrir de una constante diarrea durante sus viajes por estas tierras bárbaras. Al nivel de mar, haciendo a un lado su necesidad de dormir catorce horas diarias, era una compañera aceptable, pero arriba de los dos mil metros, respiraba con dificultad y se desvanecía fácilmente. Vivir a su lado en la ciudad de México significaba permanecer en un eterno estado de alerta para levantarla del piso en caso de que le viniera un síncope.

Cuando descubrí su pasión por la patología, inventé, nomás para deleitarla, una retahíla de enfermedades de mi familia, que siempre ha gozado de la salud propia de las especies zoológicas privilegiadas.

Otra de sus predilecciones era lo que ella llamaba "the intricacies of the Mexican mind".

—¿Te gustan los motores? —preguntó una vez—. Te advierto que tu respuesta va a revelar una característica nacional.

Había ciertas irregularidades en nuestra relación: por ejemplo, ella ha sido la única mujer a la que nunca me atrevía a decirle que me pagara la cena, a pesar de que sabía perfectamente que estaba nadando en pesos, y no suyos, sino de la Pumpernikel Foundation. Durante varios meses la contemplé, con mis codos apoyados sobre la mesa, a ambos lados de mi taza de café y deteniéndome la cara con las manos, comerse una cantidad considerable de filetes con papas.

Los meseros me miraban con cierto desprecio, creyendo que yo pagaba los filetes. A veces, ella se compadecía de mí y me obsequiaba un pedazo de carne metido en un bolillo, que yo, por supuesto, rechazaba diciendo que no tenía hambre. Y además, el problema de las propinas; ella tenía la teoría de que 1% era una proporción aceptable, así que dar cuarenta centavos por un consumo de veinte pesos era ya una extravagancia. Nunca he cosechado tantas enemistades.

Una vez tenía yo veinte pesos y la llevé al Bamerette. Pedimos dos tequilas.

—La última vez que estuve aquí —me dijo— tomé whisky escocés, toqué la guitarra y los meseros creían que era yo artista de cine.

Esto nunca se lo perdoné.

Sus dimensiones eran otro inconveniente. Por ejemplo, bastaba dejar dos minutos un brazo bajo su cuerpo, para que se entumeciera. La única imagen histórica que podía ilustrar nuestra relación era la de Sigfrido, que cruzó los siete círculos de fuego, llegó hasta Brunilda, no pudo despertarla, la cargó en brazos, comprendió que era demasiado pesada y tuvo que sacarla arrastrando, como un tapete enrollado.

¡Oh, Pampa Hash! ¡Mi adorable, mi dulce, mi extensa Pampa!

Tenía una gran curiosidad científica.

—¿Me amas?

—Sí.

—¿Por qué?

—No sé.

—¿Me admiras?

—Sí.

—¿Por qué?

—Eres profesional, concienzuda, dedicada. Son cualidades que admiro mucho.

Esto último es una gran mentira. Pampa Hash pasó un año en la sierra haciendo una investigación de la cual salió un informe que yo hubiera podido inventar en quince días.

—¿Y por qué admiras esas cualidades?

—No preguntemos demasiado. Dejémonos llevar por nuestras pasiones.

—¿Me deseas?

Era un interrogatorio de comisaría.

Una vez fuimos de compras. Es la compradora más difícil que he visto. Todo le parecía muy caro, muy malo o que no era exactamente lo que necesitaba. Además estaba convencida de que por alguna razón misteriosa, las dependientas gozaban deshaciendo la tienda y mostrándole la mercancía para luego volver a guardarla, sin haber vendido nada.

Como el tema recurrente de una sinfonía, aparecieron en nuestra relación las pantaletas.

—I need panties —me dijo.

Le dije cómo se decía en español. Fuimos a diez tiendas cuando menos, y en todas se repitió la misma escena: llegábamos ante la dependienta y ella empezaba:

—Necesito... —se volvía hacia mí— ¿cómo se dice?

—Pantaletas —decía yo.

La dependienta me miraba durante una millonésima de segundo, y se iba a buscar las pantaletas. No las quería ni de *nylon*, ni de algodón, sino de un material que es tan raro en México como la tela de araña comercial y de un tamaño vergonzoso, por lo grande. No las encontramos. Después, compramos unos mangos y nos sentamos a comerlos en la banca de un parque. Contemplé fascinado cómo iba arrancando el pellejo de medio mango con sus dientes fuertísimos y luego devoraba la carne y el ixtle, hasta dejar el hueso como la cabeza del cura Hidalgo; entonces, asía fuertemente el mango del hueso y devoraba la segunda mitad. En ese momento comprendí que esa mujer no me convenía.

Cuando hubo terminado los tres mangos que le tocaban, se limpió la boca y las manos cuidadosamente, encendió un cigarro, se acomodó en el asiento y volviéndose hacia mí, me preguntó sonriente:

—¿Me amas?

—No —le dije.

Por supuesto que no me creyó.

Después vino el *gran finale*. Fue el día que la poseyó el ritmo.

Fuimos a una fiesta en la que estaba un señor que bailaba tan bien que le decían el Fred Astaire de la Colonia del Valle. Su especialidad era bailar solo, mirándose los pies para deleitarse mejor. Pasó un rato. Empezó un ritmo tropical. Yo estaba platicando con alguien cuando sentí en mis entrañas que algo terrible se avecinaba. Volví la cabeza y el horror me dejó paralizado: Pampa, mi Pampa, la mujer que tanto amé, estaba bailando alrededor de Fred Astaire como Mata Hari alrededor de Shiva. No había estado tan avergonzado de ella desde el día que empezó a cantar "Ay, Cielitou lindou..." en plena avenida Juárez. ¿Qué hacer? Bajar la vista y seguir la conversación. El suplicio duró horas.

Luego, ella vino y se arrojó a mis pies como la Magdalena y me dijo:

—Perdóname. Me poseyó el ritmo.

La perdoné allí mismo.

Fuimos a su hotel (con intención de reconciliarnos) y estábamos ya instalados en el elevador, cuando se acercó el administrador a preguntarnos cuál era el número de mi cuarto.

—Vengo acompañando a la señorita —le dije.

—Después de las diez no se admiten visitas —me dijo el administrador.

Pampa Hash montó en cólera:

—¿Qué están creyendo? El señor tiene que venir a mi cuarto para recoger una maleta suya.

—Baje usted la maleta y que él la espere aquí.

—No bajo nada, estoy muy cansada.

—Que la baje el botones, entonces.

—No voy a pagarle al botones.

—Al botones lo paga la administración, señorita.

Ésa fue la última frase de la discusión.

El elevador empezó a subir con Pampa Hash y el botones, y yo mirándola. Era de esos de rejilla, así que cuando llegó a determinada altura, pude distinguir sus pantaletas. Comprendí que era la señal: había llegado el momento de desaparecer.

Ya me iba pero el administrador me dijo:

—Espere la maleta.

Esperé. Al poco rato, bajó el botones y me entregó una maleta que, por supuesto, no era mía. La tomé, salí a la calle, y fui caminando con paso cada vez más apresurado.

¡Pobre Pampa Hash, me perdió a mí y perdió su maleta el mismo día!

ÍNTIMA IMAGINACIÓN

El guardagujas

Juan José Arreola

El forastero llegó sin aliento a la estación desierta. Su gran valija, que nadie quiso conducir, le había fatigado en extremo. Se enjugó el rostro con un pañuelo, y con la mano en visera miró los rieles que se perdían en el horizonte. Desalentado y pensativo consultó su reloj: la hora justa en que el tren debía partir.

Alguien, salido de quién sabe dónde, le dio una palmada muy suave. Al volverse, el forastero se halló ante un viejecillo de vago aspecto ferrocarrilero. Llevaba en la mano una linterna roja, pero tan pequeña, que parecía de juguete. Miró sonriendo al viajero, y éste le dijo ansioso su pregunta:

—Usted perdone, ¿ha salido ya el tren?

—¿Lleva usted poco tiempo en este país?

—Necesito salir inmediatamente. Debo hallarme en T. mañana mismo.

—Se ve que usted ignora por completo lo que ocurre. Lo que debe hacer ahora mismo es buscar alojamiento en la fonda para viajeros —y señaló un extraño edificio ceniciento que más bien parecía un presidio.

—Pero yo no quiero alojarme, sino salir en el tren.

—Alquile usted un cuarto inmediatamente, si es que lo hay. En caso de que pueda conseguirlo, contrátelo por mes, le resultará más barato y recibirá mejor atención.

—¿Está usted loco? Yo debo llegar a T. mañana mismo.

—Francamente, debería abandonarlo a su suerte. Sin embargo, le daré unos informes.

—Por favor...

—Este país es famoso por sus ferrocarriles, como usted sabe. Hasta ahora no ha sido posible organizarlos debidamente, pero se han hecho ya grandes cosas en lo que se refiere a la publicación de itinerarios y a la expedición de boletos. Las guías ferroviarias comprenden y enlazan todas las poblaciones de la nación; se expenden boletos hasta para las aldeas más pequeñas y remotas. Falta solamente que los convoyes cumplan las indicaciones contenidas en las guías y que pasen efectivamente por las estaciones. Los habitantes del país así lo esperan; mientras tanto, aceptan las irregularidades del servicio, y su patriotismo les impide cualquier manifestación de desagrado.

—Pero ¿hay un tren que pase por esta ciudad?

—Afirmarlo equivaldría a cometer una inexactitud. Como usted puede darse cuenta, los rieles existen, aunque un tanto averiados. En algunas poblaciones están sencillamente indicados en el suelo, mediante dos rayas de gis. Dadas las condiciones actuales, ningún tren tiene la obligación de pasar por aquí, pero nada impide que eso pueda suceder. Yo he visto pasar muchos trenes en mi vida y conocí algunos viajeros que pudieron abordarlos. Si usted espera convenientemente, tal vez yo mismo tenga el honor de ayudarle a subir a un hermoso y confortable vagón.

—¿Me llevará ese tren a T.?

—¿Y por qué se empeña usted en que ha de ser precisamente a T.? Debería darse por satisfecho si pudiera abordarlo. Una vez en el tren, su vida tomará efectivamente algún rumbo. ¿Qué importa si ese rumbo no es el de T.?

—Es que yo tengo un boleto en regla para ir a T. Lógicamente, debo ser conducido a ese lugar, ¿no es así?

—Cualquiera diría que usted tiene razón. En la fonda para viajeros podrá usted hablar con personas que han tomado sus precauciones, adquiriendo grandes cantidades de boletos. Por regla general, las gentes previsoras compran pasaje para todos los puntos del país. Hay quien ha gastado en boletos una verdadera fortuna...

—Yo creí que para ir a T. me bastaba un boleto. Mírelo usted...

—El próximo tramo de los ferrocarriles nacionales va a ser construido con el dinero de una sola persona que acaba de gastar su inmenso capital en pasajes de ida y vuelta para un trayecto ferroviario cuyos planos, que incluyen extensos túneles y puentes, ni siquiera han sido aprobados por los ingenieros de la empresa.

—Pero el tren que pasa por T. ¿ya se encuentra en servicio?

—Y no sólo ése. En realidad, hay muchísimos trenes en la nación, y los viajeros pueden utilizarlos con relativa frecuencia, pero tomando en cuenta que no se trata de un servicio formal y definitivo. En otras palabras, al subir a un tren, nadie espera ser conducido al sitio que desea.

—¿Cómo es eso?

—En su afán de servir a los ciudadanos, la empresa se ve en el caso de tomar medidas desesperadas. Hace circular trenes por lugares intransitables. Esos convoyes expedicionarios emplean a veces varios años en su trayecto, y la vida de los viajeros sufre algunas transformaciones importantes. Los fallecimientos no son raros en tales casos, pero la empresa, que todo lo ha previsto, añade a esos trenes un vagón capilla ardiente y un vagón cementerio. Es razón de orgullo para los conductores depositar el cadáver de un viajero —lujosamente embalsamado— en los andenes de la estación que prescribe su boleto. En ocasiones, estos trenes forzados recorren trayectos en que falta uno

puente, conformándose con hacer un atractivo descuento en las tarifas de los pasajeros que se atrevan a afrontar esa molestia suplementaria.

—¡Pero yo debo llegar a T. mañana mismo!

—¡Muy bien! Me gusta que no abandone usted su proyecto. Se ve que es usted un hombre de convicciones. Alójese por de pronto en la fonda y tome el primer tren que pase. Trate de hacerlo cuando menos; mil personas estarán para impedírselo. Al llegar un convoy, los viajeros, exasperados por una espera demasiado larga, salen de la fonda en tumulto para invadir ruidosamente la estación. Frecuentemente provocan accidentes con su increíble falta de cortesía y de prudencia. En vez de subir ordenadamente se dedican a aplastarse unos a otros; por lo menos, se impiden mutuamente el abordaje, y el tren se va dejándolos amotinados en los andenes de la estación. Los viajeros, agotados y furiosos, maldicen su falta de educación, y pasan mucho tiempo insultándose y dándose de golpes.

—¿Y la policía no interviene?

—Se ha intentado organizar un cuerpo de policía en cada estación, pero la imprevisible llegada de los trenes hacía tal servicio inútil y sumamente costoso. Además, los miembros de ese cuerpo demostraron muy pronto su venalidad, dedicándose a proteger la salida exclusiva de pasajeros adinerados que les daban a cambio de ese servicio todo lo que llevaban encima. Se resolvió entonces el establecimiento de un tipo especial de escuelas, donde los futuros viajeros reciben lecciones de urbanidad y un entrenamiento adecuado, que los capacita para que puedan pasar su vida en los trenes. Allí se les enseña la manera correcta de abordar un convoy, aunque esté en movimiento y a gran velocidad. También se les proporciona una especie de armadura para evitar que los demás pasajeros les rompan las costillas.

—Pero una vez en el tren, ¿está uno a cubierto de nuevas dificultades?

—Relativamente. Sólo le recomiendo que se fije muy bien en las estaciones. Podría darse el caso de que usted creyera haber llegado a T. y sólo fuese una ilusión. Para regular la vida a bordo de los vagones demasiado repletos, la empresa se ve obligada a echar mano de ciertos expedientes. Hay estaciones que son pura apariencia: han sido construidas en plena selva y llevan el nombre de alguna ciudad importante. Pero basta poner un poco de atención para descubrir el engaño. Son como las decoraciones del teatro, y las personas que figuran en ellas están rellenas de aserrín. Esos muñecos revelan fácilmente los estragos de la intemperie, pero son a veces una perfecta imagen de la realidad: llevan en el rostro las señales de un cansancio infinito.

—Por fortuna, T. no se halla muy lejos de aquí.

—Pero carecemos por el momento de trenes directos. Sin embargo, bien podría darse el caso de que usted llegara a T. mañana mismo, tal como desea. La organización de los ferrocarriles, aunque deficiente, no excluye la posibilidad de un viaje sin escalas. Vea usted, hay personas que ni siquiera se han dado cuenta de lo que pasa. Compran un boleto para ir a T. Pasa un tren, suben, y al día siguiente oyen que el conductor anuncia: "Hemos llegado a T." Sin tomar precaución alguna, los viajeros descienden y se hallan efectivamente en T.

—¿Podría yo hacer alguna cosa para facilitar ese resultado?

—Claro que puede usted. Lo que no se sabe es si le servirá de algo. Inténtelo de todas maneras. Suba usted al tren con la idea fija de que va a llegar a T. No converse con ninguno de los pasajeros. Podrían desilusionarlo con sus historias de viaje, y hasta se daría el caso de que lo denunciaran.

—¿Qué está usted diciendo?

—En virtud del estado actual de las cosas los trenes viajan

llenos de espías. Estos espías, voluntarios en su mayor parte, dedican su vida a fomentar el espíritu constructivo de la empresa. A veces uno no sabe lo que dice y habla sólo por hablar. Pero ellos se dan cuenta en seguida de todos los sentidos que puede tener una frase, por sencilla que sea. Del comentario más inocente saben sacar una opinión culpable. Si usted llegara a cometer la menor imprudencia, sería aprehendido sin más; pasaría el resto de su vida en un vagón cárcel, en caso de que no le obligaran a descender en una falsa estación, perdida en la selva. Viaje usted lleno de fe, consuma la menor cantidad posible de alimentos y no ponga los pies en el andén antes de que vea en T. alguna cara conocida.

—Pero yo no conozco en T. a ninguna persona.

—En ese caso redoble usted sus precauciones. Tendrá, se lo aseguro, muchas tentaciones en el camino. Si mira usted por las ventanillas, está expuesto a caer en la trampa de un espejismo. Las ventanillas están provistas de ingeniosos dispositivos que crean toda clase de ilusiones en el ánimo de los pasajeros. No hace falta ser débil para caer en ellas. Ciertos aparatos, operados desde la locomotora, hacen creer, por el ruido y los movimientos, que el tren está en marcha. Sin embargo, el tren permanece detenido semanas enteras, mientras los viajeros ven pasar cautivadores paisajes a través de los cristales.

—¿Y eso qué objeto tiene?

—Todo esto lo hace la empresa con el sano propósito de disminuir la ansiedad de los viajeros y de anular en todo lo posible las sensaciones de traslado. Se aspira a que un día se entreguen plenamente al azar, en manos de una empresa omnipotente, y que ya no les importe saber a dónde van ni de dónde vienen.

—Y usted, ¿ha viajado mucho en los trenes?

—Yo, señor, sólo soy guardagujas. A decir verdad, soy un

guardagujas jubilado, y sólo aparezco aquí de vez en cuando para recordar los buenos tiempos. No he viajado nunca, ni tengo ganas de hacerlo. Pero los viajeros me cuentan historias. Sé que los trenes han creado muchas poblaciones además de la aldea de F., cuyo origen le he referido. Ocurre a veces que los tripulantes de un tren reciben órdenes misteriosas. Invitan a los pasajeros a que desciendan de los vagones, generalmente con el pretexto de que admiren las bellezas de un determinado lugar. Se les habla de grutas, de cataratas o de ruinas célebres: "Quince minutos para que admiren ustedes la gruta tal o cual", dice amablemente el conductor. Una vez que los viajeros se hallan a cierta distancia, el tren escapa a todo vapor.

—¿Y los viajeros?

—Vagan desconcertados de un sitio a otro durante algún tiempo, pero acaban por congregarse y se establecen en colonia. Estas paradas intempestivas se hacen en lugares adecuados, muy lejos de toda civilización y con riquezas naturales suficientes. Allí se abandonan lotes selectos, de gente joven, y sobre todo con mujeres abundantes. ¿No le gustaría a usted acabar sus días en un pintoresco lugar desconocido, en compañía de una muchachita?

El viejecillo hizo un guiño y se quedó mirando al viajero con picardía, sonriente y lleno de bondad. En ese momento se oyó un silbido lejano. El guardagujas dio un brinco, lleno de inquietud, y se puso a hacer señales ridículas y desordenadas con su linterna.

—¿Es el tren? —preguntó el forastero.

El anciano echó a correr por la vía, desaforadamente. Cuando estuvo a cierta distancia, se volvió para gritar:

—¡Tiene usted suerte! Mañana llegará a su famosa estación. ¿Cómo dice usted que se llama?

—¡X! —contestó el viajero.

En ese momento el viejecillo se disolvió en la clara mañana. Pero el punto rojo de la linterna siguió corriendo y saltando entre los rieles, imprudentemente, al encuentro del tren.

Al fondo del paisaje, la locomotora se acercaba como un ruidoso advenimiento.

La plaza

Todas las tardes, al salir de su oficina, C se dirigía a la plaza a
la que durante casi todos los días de su infancia había deseado ir
con un propósito determinado lográndolo sólo en unas cuantas ocasiones inolvidables. Allí, en la antigua nevería bajo los
portales, a un lado de los puestos de revistas y periódicos y de
los cambiantes retratos de las películas del viejo cine, sentados
en las conocidas sillas de pies y respaldo de metal y gastado
asiento de madera alrededor de una de las pequeñas mesas redondas con cubiertas de mármol, encontraba a un grupo de
amigos. El número no era siempre el mismo, pero invariable-
mente había alguien. A esa hora, la permanente luz que durante el día brillaba implacable sobre los laureles de la India, la
cúpula del quiosco en el centro de la plaza, las lavadas piedras
de la catedral y los edificios coloniales, con el discrepante gallo
que anunciaba la farmacia en una de las esquinas, empezaba a
ceder haciéndose casi neutra antes de que el sol se ocultara y por
un instante todo permanecía inmóvil y a la expectativa, sumer-
gido en sí mismo, como si el momento fuera a mantenerse indefinidamente y la tarde, negándose a entregarse a la noche,
prolongara más allá de sus posibilidades el día. En el portal el
rumor de las conversaciones, el peculiar sonido de algún plato
en el mármol y hasta el metálico apartarse de alguna silla sobre
el mosaico del piso se apagaban un poco, adquiriendo un tono

más grave y, de pronto, se escuchaba el irritado canto de innumerables pájaros que se agitaban invisibles entre las oscurecidas ramas de los laureles. Después el lento llamado de las campanas de la catedral se extendía rodando sobre sí mismo por encima de la plaza en círculos cada vez más amplios y era como si el sonido lograra que el aire adquiriese sustancia marcándose en su intangible espacio como el movimiento concéntrico de las ondas que produce un objeto al caer en un lago tranquilo. Mientras tomaba el sorbete de guanábana que el mesero acababa de dejar frente a él, participando distraído en la vaga conversación general, C advertía oscuramente esa imperceptible conjunción de movimientos como algo que la costumbre ha terminado por hacer parte de nosotros mismos. En seguida, el tiempo volvía a ponerse en movimiento. Antes de que oscureciera, los amigos empezaban a retirarse y al llegar la noche otros clientes ocupaban la mesa que ellos habían abandonado con el recuerdo del repiqueteo de una última moneda arrojada sobre la cubierta de mármol, al tiempo que se echaban hacia atrás las sillas. La noche se abría a un nuevo día y por la tarde, al salir de su oficina, C volvía a dirigirse a la plaza. Así pasaban las semanas y los meses, indiferenciados en la semejanza con que las horas se repetían a sí mismas. Una boda, alguna muerte, un amigo que decidía abandonar la ciudad, un nuevo bautizo provocaban de vez en cuando una inesperada revelación del paso del tiempo, pero, encerrado en un espacio perfectamente delimitado, éste no parecía realizarse hacia adelante, sino provocando miradas hacia atrás que inevitablemente se cerraban sobre la aparición de algún antiguo recuerdo al que muy pronto se devolvía al olvido. Por la tarde, bajo los portales, los constantes cambios en el número de amigos que se reunían alrededor de la pequeña mesa con cubierta de mármol ocultaban las ausencias definitivas, pero éstas no eran menos reales por ello.

Sólo el misterioso cambio en el poder de la luz, el súbito canto de los pájaros y el largo tañido de las campanas permanecía inmutable. Fue así como un día llevado por el silencioso movimiento de los días, que habían acabado por deshabitar casi permanentemente la mesa de la antigua nevería, C dejó de ir también a la plaza. El último mes, sólo él y uno, a veces dos amigos, habían seguido encontrándose bajo los portales por la tarde. De pronto la plaza quedaba definitivamente atrás. Junto con ellos, la ciudad también la hizo a un lado, obedeciendo los involuntarios movimientos que determinaban su crecimiento. Aunque nominalmente no había perdido su carácter simbólico de centro, y la catedral, los arcos coloniales del palacio de gobierno y la hermosa fachada de la casa en la que se había grabado por primera vez el escudo de la ciudad conservaban su prestigio, para los niños los sorbetes de la antigua nevería ya no eran los más codiciados y entre los laureles de la India, el quiosco en cuya cúpula la luz se posaba sin reflejos al empezar a repicar las campanas mostraba sus oxidados barandales de hierro sin que a nadie se le ocurriera protestar, mientras las manchas dejadas por las golondrinas en el piso desaparecían sólo gracias al viento que las borraba una vez que el sol las había secado. Aislada en su propia realidad, la plaza se quedó sin memoria. Y para C, que le volvió la espalda junto con la ciudad, su acción no tuvo ningún eco exterior, aunque más allá de su conocimiento había creado un vacío que nadie parecía capaz de llenar porque tan sólo se mostraba en inesperados golpes de nostalgia por algo cuya naturaleza no podía expresar y que trataba de borrar rápidamente, con una especie de vergüenza ante la posibilidad de que eso se advirtiera y de temor por la capacidad de ese algo desconocido para paralizarlo de una manera extraña, alejándolo de las realidades concretas que tenía a su lado y llenaban sus afectos. Ahora, simplemente, al salir de su oficina se dirigía directamente a su casa. Allí, el manto de lo conocido lo envolvía con sus firmes pliegues, aunque, a veces, por debajo de él, la sensación de vacío permaneciera agazapada, oscura y amenazante en su misteriosa irrealidad y la huella de los días que habían quedado atrás se mostrara entonces en toda su profundidad sin que nada le permitiera recuperarlos, mientras la vida o lo que antes ocultaba su vacío parecía pasar a su lado sin tocarlo, ardiente y helado, denso e indiferente, demasiado vago para reconocerlo, demasiado intenso para ignorarlo, dejándolo solo, desamparado y sin tener a quién recurrir para volver a encontrarse a sí mismo, hasta que un día, por casualidad, C se encontró otra vez en la plaza por la tarde. A su lado, la catedral descansaba pesadamente bajo el sol. La luz borraba su silueta haciéndola vibrar junto con la de los demás edificios como si de pronto todos se hubieran puesto en movimiento. Unas cuantas figuras indiferenciadas descansaban en los descuidados bancos de la plaza a la sombra de los laureles y al filtrarse entre las copas de éstos, la misma luz que vibraba implacable sobre los edificios formaba en el piso charcos de sombra que parecían comunicarse entre sí cuando el viento agitaba las ramas de los árboles. Desde la esquina en que se disponía a subir a su coche, C vio bajo los portales las pequeñas mesas de cubierta de mármol cercadas por los lineales respaldos de metal de las sillas y se dirigió a la antigua nevería. Al sentarse, su espalda reconoció el trazo del respaldo de metal grabándose en ella, como cuando era niño. El mesero lo saludó, reconociéndolo, igual que cuando algún domingo por la mañana había llegado a la nevería con su mujer y sus hijos; pero ahora C lo veía de una manera distinta. El rostro, envejecido de pronto, lo llevaba hacia sus inmutables anhelos de infancia y sus nunca recordadas costumbres de estudiante, deteniéndose en un pasado vivo e inalterable en vez de mostrarle el camino del tiempo. Pidió un sorbete y se quedó mirando sin ver hacia la plaza con la sensación del que está a punto de entrar a una habitación en la que todo debe resultarle conocido aunque nunca ha estado en ella. Entonces, igual que cuando se reunía con su grupo de amigos y como durante todos los días siguientes durante su larga ausencia, la tarde empezó a ceder ante la noche y llegó ese momento en el que por un instante todas las cosas se mantenían suspendidas en sí mismas; pero ahora C seguía cada una de las imperceptibles transformaciones con el ánimo detenido en el punto más alto de una inexpresable elevación que rechazaba el movimiento de caída. Los pájaros empezaron a cantar, invisibles entre las ramas de los laureles, y luego las campanas dejaron escapar su seco y prolongado sonido sobre el canto como si no viniera de las torres de la iglesia sino de mucho más atrás, de un espacio distinto que se precipitó sobre C igual que una vasta ola, dulce, silenciosa y cada vez más grande, que se extendiera sin límites, oscura y envolvente como una noche hecha de luz en vez de sombras que lo cubriera con su callado manto. Por primera vez en mucho tiempo, como no lo había sentido en compañía de nadie ni ante ningún acontecimiento, C sintió una muda y permanente felicidad, y la plaza, a la que supo que regresaría ahora definitivamente todas las tardes, se quedó otra vez en su interior, encerrando todo en un tiempo que está más allá del tiempo y le devolvía a C durante un instante fugaz pero imperecedero toda su sustancia.

La pantera

Sergio Pitol

Para Elena Poniatowska

Ninguna de las magias que atravesaron mi niñez puede equipararse con su aparición. Nada de lo hasta entonces concebido logró confundir tan soberbiamente refinamiento y fiereza. En las noches siguientes imploré, divertido, al final impaciente, casi con lágrimas, su presencia. Mi madre repetía que de tanto jugar a los bandidos acabaría por soñarlos. En efecto, al término de unas vacaciones la persecución y la infamia, el coraje y la sangre frecuentaron mis noches. En esa época ir al cine se reducía a disfrutar una sola película con ligeras variantes de función en función: el tema invariable lo proporcionaba la ofensiva aliada contra las huestes del Eje. Una tarde de programa triple (en que con indecible deleite vimos llover obuses sobre un fantasmagórico Berlín donde edificios, vehículos, templos, rostros y palacios se diluían en una inmensa vertiente de fuego; épicos juramentos de amor, penumbra de refugios antiaéreos en un Londres de obeliscos rotos y grandes inmuebles sin fachada, y el mechón de Verónica Lake resistiendo impasible la metralla nipona mientras un grupo de soldados heridos era evacuado de un rocoso islote del Pacífico) consiguió que por la noche el fragor de las balas se internara en mi cuarto y que una multitud de cuerpos despedazados y cráneos de enfermeras me lanzaran sobresaltado a buscar amparo en la habitación de mis hermanos mayores.

Con plena conciencia de sus riesgos inventé juegos artificiosos que a nadie divertían. Remplacé el consuetudinario antagonismo entre policías y ladrones o el nuevo, y consagrado por el uso y la moda, entre aliados y alemanes por el de otros fieros y extravagantes protagonistas. Juegos donde las panteras sorpresivamente atacaban una aldea, cacerías frenéticas donde las panteras aullaban de dolor y furia al ser atrapadas por cazadores implacables, combates encarnizados entre panteras y caníbales. Pero ni ellos, ni la frecuencia con que leía libros de aventuras en la selva hicieron posible que la visión se repitiera.

Su imagen persistió durante una temporada que no debió ser muy larga. Con indiferencia fui comprobando que la figura se volvía cada vez más endeble, que mansamente se difuminaban sus rasgos. El flujo atropellado de olvidos y recuerdos que es el tiempo anula la voluntad de fijar para siempre una sensación en la memoria. A veces me apremiaba la urgencia de escuchar el mensaje que mi torpeza le había impedido transmitir la noche de su aparición. Aquel bello, enorme animal cuya negrura brillante desafiaba la noche trazó un elegante rodeo en torno a la alcoba, caminó hacia mí, abrió las fauces y, al observar el terror que tal movimiento me inspiraba, las volvió a cerrar agraviado. Salió de la misma nebulosa manera en que había aparecido. Durante días no cesé de echarme en cara mi falta de valor. Me reprochaba el haber podido imaginar que aquella hermosa bestia tuviese intenciones de devorarme. Su mirada era amable, suplicante, su hocico parecía dispuesto, más que para el regusto de la sangre, para la caricia y el juego.

Nuevas horas se ocuparon de sustituir a aquéllas. Otros sueños eliminaron al que por tantos días había sido mi constante pasión. No sólo llegaron a parecerme tontos los juegos de panteras, sino también incomprensibles al no recordar con precisión la causa que los originaba. Pude volver a preparar mis lecciones, a esmerarme en el cultivo de la letra y en el apasionante manejo de colores y líneas.

Triviales, alegres, soeces, intensos, difusos, torpemente esperanzados, quebrados, engañosos y sombríos tuvieron que transcurrir veinte años para alcanzar la noche de ayer, en que sorpresivamente, como en medio de aquel bárbaro sueño infantil, volví a escuchar el jadeo de un animal que penetraba en la habitación contigua. Lo irracional que cabalga en nuestro ser adopta en algunos momentos un galope tan enloquecido que cobardemente tratamos de cobijarnos en ese mohoso conjunto de normas con que pretendemos reglamentar la existencia, en esos vacuos cánones con que intentamos detener el vuelo de nuestras intuiciones más profundas. Así, aun dentro del sueño, traté de apelar a una explicación racional: argüí que el ruido lo producía la entrada de un gato que a menudo llegaba a la cocina a dar cuenta de los desperdicios. Soñé que reconfortado por esa aclaración volvía a caer dormido para despertar poco después, al percibir con toda claridad, cerca de mí, su presencia. Frente al lecho, contemplándome con expresión de gozo estaba ella. Pude recordar dentro del sueño la visión anterior. Los años transcurridos sólo habían logrado modificar el marco. Ya no existían los muebles pesados de madera oscura, ni el candil que pendía sobre mi cama; los muros eran otros, sólo mi expectación y la pantera se mantenían iguales: como si entre ambas noches hubiesen transcurrido apenas unos breves segundos. La alegría, confundida con un leve temor, me penetró. Recordé minuciosamente los incidentes de la primera visita, y atento y azorado permanecí en espera de su mensaje.

Ninguna prisa atenazaba al animal. Se paseó frente a mí con paso lánguido, describiendo pequeños círculos; luego, con un breve salto alcanzó la chimenea, removió las cenizas con las garras delanteras y volvió al centro de la habitación; me observó con fijeza, abrió las fauces y al fin se decidió a hablar.

Todo lo que pudiera decir sobre la felicidad conocida en ese momento no haría sino empobrecerla. Mi destino se develaba de manera clarísima en las palabras de esa oscura divinidad. El sentimiento de júbilo alcanzó un grado de perfección intolerable. Imposible encontrarle parangón. Nada, ni siquiera uno de esos contados, efímeros instantes en que al conocer la dicha presentimos la eternidad, me produjo el efecto logrado por el mensaje.

La emoción me hizo despertar, la visión desapareció; no obstante permanecían vivas, como grabadas en hierro, aquellas proféticas palabras que inmediatamente escribí en una página hallada sobre el escritorio. Al volver a la cama, entre sueños, no podía dejar de saber que un enigma quedaba descifrado, el verdadero enigma, y que los obstáculos que habían hecho de mis días un tiempo sin horizontes se derrumbaban vencidos.

Sonó el despertador. Contemplé con regocijo la página en que estaban inscritas aquellas doce palabras esclarecedoras. Dar un salto y leerlas hubiera sido el recurso más fácil. Tal inmediatez me parecía poco acorde con la solemnidad de la ocasión. En vez de ceder al deseo me dirigí al baño; me vestí lenta y cuidadosamente con forzada parsimonia; tomé una taza de café, después de lo cual, estremecido por un leve temblor, corrí a leer el mensaje.

Veinte años tardó en reaparecer la pantera. El asombro que en ambas ocasiones me produjo no puede ser gratuito. La parafernalia de que se revistió ese sueño no puede atribuirse a meras coincidencias. No; algo en su mirada, sobre todo en la voz, hacía suponer que no era la escueta imagen de un animal, sino la posibilidad de enlace con una fuerza y una inteligencia instaladas más allá de lo humano. Y, sin embargo, debo confesar que las palabras anotadas eran sólo una enumeración de sustantivos triviales y anodinos que no tenían ningún sentido. Por un momento dudé de mi cordura. Volví a leer cuidadosamente, a cambiar de sitio los vocablos como si se tratara de armar un rompecabezas. Uní todas las palabras en una sola, larguísima; estudié cada una de las sílabas. Invertí días y noches en minuciosas y estériles combinaciones filológicas. Nada logré poner en claro. Apenas la certeza de que los signos ocultos están corroídos por la misma estulticia, el mismo caos, la misma incoherencia que padecen los hechos cotidianos.

Confío, sin embargo, en que algún día volverá la pantera.

Tarde de agosto

JOSÉ EMILIO PACHECO

Nunca vas a olvidar esa tarde de agosto. Tenías catorce años, ibas a terminar la secundaria. No recordabas a tu padre, muerto al poco tiempo de que nacieras. Tu madre trabajaba en una agencia de viajes. Todos los días, de lunes a viernes, te despertaba a la seis y media. Quedaba atrás un sueño de combates a la orilla del mar, ataques a los bastiones de la selva, desembarcos en tierras enemigas. Y entrabas en el día en que era necesario vivir, crecer, abandonar la infancia. Por la noche miraban la televisión sin hablarse. Luego te encerrabas a leer las novelas de una serie española, la Colección Bazooka, relatos de la Segunda Guerra Mundial que idealizaban las batallas y te permitían entrar en el mundo heroico que te gustaría haber vivido.

El trabajo de tu madre te obligaba a comer en casa de su hermano. Era hosco, no te manifestaba ningún afecto y cada mes exigía el pago puntual de tus alimentos. Pero todo lo compensaba la presencia de Julia, tu inalcanzable prima hermana. Julia estudiaba ciencias químicas, era la única que te daba un lugar en el mundo, no por amor, como creíste entonces, sino por la compasión que despertaba el intruso, el huérfano, el sin derecho a nada.

Julia te ayudaba en las tareas, te dejaba escuchar sus discos, esa música que hoy no puedes oír sin recordarla. Una noche te llevó al cine, después te presentó a su novio. Desde entonces odiaste a Pedro. Compañero de Julia en la universidad, se vestía bien, hablaba de igual a igual con tu familia. Le tenías miedo, estabas seguro de que a solas con Julia se burlaba de ti y de tus novelitas de guerra que llevabas a todas partes. Le molestaba que le dieras lástima a tu prima, te consideraba un testigo, un estorbo, desde luego nunca un rival.

Julia cumplió veinte años esa tarde de agosto. Al terminar el almuerzo, Pedro le preguntó si quería pasear en su coche por los alrededores de la ciudad. Ve con ellos, ordenó tu tío. Sumido en el asiento posterior te deslumbró la luz del sol y te calcinaron los celos. Julia reclinaba la cabeza en el hombro de Pedro, Pedro conducía con una mano para abrazar a Julia, una canción de entonces trepidaba en la radio, caía la tarde en la ciudad de piedra y polvo. Viste perderse en la ventanilla las últimas casas y los cuarteles y los cementerios. Después (Julia besaba a Pedro, tú no existías hundido en el asiento posterior) el bosque, la montaña, los pinos desgarrados por la luz llegaron a tus ojos como si los cubrieran para impedir el llanto.

Al fin Pedro detuvo el Ford frente a un convento en ruinas. Bajaron y anduvieron por galerías llenas de musgos y de ecos. Se asomaron a la escalinata de un subterráneo oscuro. Hablaron, susurraron, se escucharon en las paredes de una capilla en que las piedras transmitían las voces de una esquina a otra. Miraste el jardín, el bosque húmedo, la vegetación de alta montaña. Te sentiste ya no el huérfano, el intruso, el primo pobre que iba mal en la escuela y vivía en un edificio horrible de la colonia Escandón, sino un héroe de Dunkerque, Narvik, Tobruk, Midway, Stalingrado, El Alamein, el desembarco en Normandía, Varsovia, Monte Cassino, Las Ardenas. Un capitán del Afrika Korps, un oficial de la caballería polaca en una carga heroica y suicida contra los tanques hitlerianos. Rommel, Montgomery, von Rundstedt, Zhukov. No pensabas en buenos y malos, en víctimas y verdugos. Para ti el único criterio era el valor ante el peligro y la victoria contra el enemigo. En ese instante eras el protagonista de la Colección Bazooka, el combatiente capaz de toda acción de guerra porque una mujer celebrará su hazaña y su victoria resonará para siempre.

La tristeza cedió lugar al júbilo. Corriste y libraste de un salto los matorrales y los setos mientras Pedro besaba a Julia y la tomaba del talle. Bajaron hasta un lugar en que el bosque parecía nacer junto a un arroyo de aguas heladas y un letrero prohibía cortar flores y molestar a los animales. Entonces Julia descubrió una ardilla en la punta de un pino y dijo: Me gustaría llevármela a la casa. Las ardillas no se dejar atrapar, contestó Pedro, y si alguien lo intentara hay muchos guardabosques para castigarlo. Se te ocurrió decir: yo la agarro. Y te subiste al árbol antes de que Julia pudiera decir no.

Tus dedos lastimados por la corteza se deslizaron en la resina. Entonces la ardilla ascendió aún más alto. La seguiste hasta poner los pies en una rama. Miraste hacia abajo y viste acercarse al guardabosque y a Pedro que, en vez de ahuyentarlo en alguna forma, trababa conversación con él y a Julia tratando de no mirarte y sin embargo viéndote. Pedro no te delató y el guardabosques no alzó los ojos, entretenido por la charla. Pedro alargaba el diálogo por todos los medios a su alcance. Quería torturarte sin moverse del suelo. Después presentaría todo como una broma pesada y él y Julia iban a reírse de ti. Era un medio infalible para destruir tu victoria y prolongar tu humillación.

Porque ya habían pasado diez minutos. La rama comenzaba a ceder. Sentiste miedo de caerte y morir o, lo peor de todo, de perder ante Julia. Si bajabas o si pedías auxilio el guardabosques iba a llevarte preso. Y la conversación seguía y la ardilla primero te desafiaba a unos centímetros de ti y luego bajaba y corría a perderse en el bosque, mientras Julia lloraba lejos de Pedro, del guardabosques y la ardilla, pero de ti más lejos, imposible.

Al fin el guardabosques se despidió, Pedro le dejó en la mano algunos billetes, y pudiste bajar pálido, torpe, humillado, con lágrimas que Julia nunca debió haber visto en tus ojos porque demostraban que eras el huérfano y el intruso, no el héroe de Iwo Jima y Monte Cassino. La risa de Pedro se detuvo cuando Julia le reclamó muy seria: Cómo pudiste haber hecho eso. Eres un imbécil. Te aborrezco.

Subieron otra vez al automóvil. Julia no se dejó abrazar por Pedro. Nadie habló una palabra. Ya era de noche cuando entraron en la ciudad. Bajaste en la primera esquina que te pareció conocida. Caminaste sin rumbo algunas horas y al volver a casa le dijiste a tu madre lo que ocurrió en el bosque. Lloraste y quemaste toda la colección Bazooka y no olvidaste nunca esa tarde de agosto. Esa tarde, la última en que tú viste a Julia.

Semblanza de los autores

Octavio Paz (1914-1998) obtuvo el Premio Nobel de Literatura en 1990, hasta ahora ha sido el único mexicano que ha recibido tal distinción. Paz nació en la ciudad de México y comenzó a escribir desde muy temprana edad. En 1943 se instaló en Estados Unidos, en donde conoció la poesía modernista norteamericana. Ingresó al Servicio Exterior Mexicano en 1945 y fue enviado a París, en donde colaboró en proyectos con los principales surrealistas como André Breton y Marcel Duchamp. En 1962 fue nombrado embajador de México en la India, cargo al que renunció en 1968 como protesta por la sangrienta represión del movimiento estudiantil en la ciudad de México.

Octavio Paz fundó dos revistas literarias muy importantes: *Plural* (1971-1976) y *Vuelta* (1976-1998) y se convirtió en una de la voces poéticas y críticas más importantes del México moderno. Como ensayista publicó libros muy importantes, *El laberinto de la soledad* es acaso el más aclamado y leído de todos ellos. En "Mi vida con la ola" la ficción de Paz muestra una sutil imaginación, una prosa impecable y los más altos atributos de su poética.

Carlos Fuentes (1928-) inicia el siglo XXI como el escritor mexicano vivo más famoso. Destacado e innovador novelista y cuentista, también es un ensayista polémico y un incansable pensador no sólo de temas mexicanos sino también de la literatura y la política internacionales.

Debido a la carrera diplomática de su padre, Fuentes pasó su niñez en Chile, Argentina y Washington, D. C. Publicó su primera novela, *La región más transparente*, en 1958, y junto con Gabriel García Márquez, Julio Cortázar, Mario Vargas Llosa y José Donoso formó parte del *boom*, el auge mundial de la literatura latinoamericana en los años sesenta. Entre sus novelas posteriores se encuentran *Aura*, *La muerte de Artemio Cruz* y *Gringo viejo*.

Fuentes es también un cuentista prolífico. Aunque el cuento "Chac Mool" es una pequeña muestra de su prosa, en este texto se condensan varios universos: el mágico pasado prehispánico y la realidad moderna, el pulso cotidiano y palpable y la presencia no siempre velada del reino de lo fantástico.

Salvador Elizondo (1932-2006) nació en la ciudad de México. Era un auténtico hombre de letras cuya prosa de altísima calidad apenas bastó para plasmar el poder y extensión de su imaginación. Elizondo fue un incansable lector que generosamente brindó su apoyo a no pocos escritores en ciernes. Fue articulista prolífico, precoz autobiógrafo, culto ensayista, lúcido traductor, novelista ejemplar y maestro del género del cuento. Amante del cine, de la música y de la conversación de sobremesa, Elizondo fue además un notable aficionado a la tauromaquia.

"La historia según Pao Cheng", nuestro cuento seleccionado, es apenas una breve muestra de la gran literatura de Salvador Elizondo, y un ejemplo de la universalidad de lo fantástico, del interminable juego de espejos que asume todo escritor.

Francisco Tario (1911-1977) se llamó en realidad Francisco Peláez y podría considerarse un escritor raro en la mejor acepción del término: fue jugador profesional de fútbol (como portero del Club Asturias de la Primera División) y un cinéfilo apasionado (asiduo espectador y dueño de tres cines en Acapulco). Se mantuvo al margen de los círculos literarios, a pesar de ser amigo de Octavio Paz, José Luis Martínez y Alí Chumacero y a pesar de ser el autor de "La noche de Margaret Rose" que, en opinión de Gabriel García Márquez, es uno de los mejores cuentos del siglo xx.

Juan de la Cabada (1901-1986) nació en Campeche. Al morir a los 85 años de edad en la ciudad de México, dejó tras de sí una obra que —si bien breve en volúmenes— revela una multitud de personajes y costumbres netamente mexicanos. Sin juicios morales o ponderaciones ideológicas, De la Cabada registra con prosa directa el tránsito de la vida cotidiana, así como las distintas clases sociales y sus diferencias."La llovizna" nos recuerda que las apariencias engañan, y que en una noche anónima somos capaces de alternar con fantasmas de carne y hueso.

José Revueltas (1914-1976) nació en Durango y murió en la ciudad de México. Fue cuentista, ensayista, novelista, dramaturgo y activo militante de causas sociales y políticas que lo llevaron a padecer persecución y cárcel. Crítico de extrema agudeza, Revueltas merece mayor reconocimiento. Como lo demuestra el cuento "La venadita", era un maestro de la prosa de emociones intensas y matices líricos.

Francisco Rojas González (1903-1951) fue etnólogo e investigador del Instituto de Investigaciones Sociales de la UNAM, colaborador en diversas publicaciones, autor de dos novelas y galardonado con el Premio Nacional de Literatura en 1944. Es conocido y celebrado principalmente como cuentista y en particular, por su espléndido relato "El diosero", que retrata la religiosidad indígena y el milagro incomprensible del azar.

Elena Garro (1916-1998) nació en Puebla y murió en Cuernavaca. Escritora de extraordinaria belleza y primera esposa de Octavio Paz, es autora de media docena de novelas, entre las cuales, por lo menos *Los recuerdos del porvenir* puede considerarse una obra maestra. Se subraya poco la sutil maestría con la que abordó el género del cuento. "La culpa es de los tlaxcaltecas" combina el tiempo remoto de la Conquista con el tiempo actual de un amor apasionado, la memoria de una infancia inocente y la madurez de una imaginación encendida.

Alfonso Reyes (1889-1959) cultivó todos los géneros literarios: poeta, ensayista, crítico literario, traductor, editor y cuentista, su vasta obra abarca treinta volúmenes y lo ha convertido, en palabras de Jorge Luis Borges, en "el más fino estilista de la prosa española de nuestra siglo". Además de haber sido un destacado embajador de México en Brasil y Argentina, Alfonso Reyes fue un activo promotor de instituciones culturales en México y un generoso tutor para no pocos escritores mexicanos contemporáneos. "La cena" es uno de los relatos más leídos y celebrados de Alfonso Reyes, quizá porque confirma el elevado rango de su prosa al tiempo que revela la particular magia de su ingenio.

JUAN RULFO (1918-1986) es uno de los más grandes escritores que ha dado México, a pesar de que su obra se decantó en tan sólo dos libros capitales: la novela *Pedro Páramo*, publicada en 1955, y el libro de cuentos *El Llano en llamas*, entre cuyas páginas se incluye "¡Diles que no me maten!" Este cuento se ha convertido en un relato universal que cualquier ser humano al filo del terror puede comprender. Juan Rulfo obtuvo en 1970 el Premio Nacional de Literatura y en 1983 recibió el Premio Príncipe de Asturias. No obstante, lo que confiere inmortalidad a su obra es la importancia cultural, la trascendencia literaria y el asombrado reconocimiento que le siguen dispensando nuevas generaciones de lectores.

MARTÍN LUIS GUZMÁN (1887-1976) nació en Chihuahua y murió en la ciudad de México. Participó activamente en la revolución maderista, se incorporó al grupo de Pancho Villa y posteriormente fue bibliotecario y editor. De las dos épocas en que vivió exiliado, la más fructífera tuvo lugar en España entre 1924 y 1936. A su regreso ocupó diversos cargos públicos y de 1970 a 1976 fue senador. En 1958 obtuvo el Premio Nacional de Literatura y es autor de la trilogía fundamental del género de la novela de la Revolución mexicana con los libros *El águila y la serpiente, La sombra del caudillo* y *Memorias de Pancho Villa.* "La fiesta de las balas" traduce fielmente el más prístino espíritu liberal que heredara más de un ánimo revolucionario.

EDMUNDO VALADÉS (1915-1994) nació en Sonora en 1915, y fue de los pocos (si no, el único) escritor mexicano que vivió realmente del cuento. Colaborador de diversas revistas, dirigió *El Cuento* —fundada y alentada por él— en cuyas páginas florecieron muchos de los mejores relatos del género. Valadés no sólo es un maestro del cuento corto, sino el escritor que más ha hecho por su difusión en México. En una sola escena, "La muerte tiene permiso" resume toda una ventana hacia la realidad mexicana contemporánea: condensa historia de siglos con un ingenio desgarrador e incluso irracional.

INÉS ARREDONDO (1928-1989) nació en Sinaloa. Su obra es ahora apreciada por los muchos lectores que la leen a través de diversas traducciones en varios idiomas. Inés Arredondo obtuvo en 1979 el Premio Xavier Villaurrutia, pero sobre todo será recordada por la superior calidad de sus relatos cortos, fieles a la mirada femenina ante la realidad del mundo o las intimidades del amor. Queda como ejemplo "La sunamita", donde se confirma que la autora era, según sus propias palabras, una escritora que se proponía "encontrar y tratar de comprender almas".

ROSARIO CASTELLANOS (1925-1974) nació en la ciudad de México y encontró trágica muerte en Tel Aviv, al tiempo en que era embajadora de México en Israel. Vivió su infancia y adolescencia en Chiapas, universo que se refleja en su vasta obra. Fue poeta, novelista, ensayista e incluso traductora de Emily Dickinson y Saint-John Perse. La obra de Rosario Castellanos ha sido traducida a diversos idiomas. "Lección de cocina" es un cuento acorde con la preocupación constante que tuvo su autora por la situación de la mujer ante el mundo y una forma de denuncia en contra de la vieja tradición machista mexicana, en la que las mujeres parecían condenadas a la resignación, el silencio, la obediencia y la cocina.

EFRÉN HERNÁNDEZ (1904-1958) y su cuento "Tachas" parecen compartir entrelazados el don de la revelación constante y el asombro creciente. De hecho, al escritor se le puso como sobrenombre el título de éste, su relato más leído, quizá porque tanto su biografía como la trama que cuajó en esas páginas comparten la virtud de ser enigmáticas. Efrén Hernández nació en León, Guanajuato, y murió en la ciudad de México. Es autor de dos novelas, dos libros de poesía, una obra de teatro y varios cuentos.

JORGE IBARGÜENGOITIA (1928-1983) es quizá uno de los escritores más entrañables de México y su trágica muerte en el aeropuerto de Madrid fue una de las pérdidas más lamentables de la literatura contemporánea. Nacido en Guanajuato en 1928, Ibargüengoitia construyó en vida una sólida obra, que incluye novelas inolvidables, ingeniosas obras de teatro, sinfín de artículos y reseñas lúcidas y divertidas, además de su probada maestría como cuentista. Dueño de una prosa clara sin pedanterías ni falsas erudiciones, Jorge Ibargüengoitia supo transmitir en sus escritos la difícil virtud del humor y la irreverencia. En "What became of Pampa Hash?", los dos protagonistas del cuento sobreviven a las chuscas y desconcertantes vicisitudes de una extraña relación amorosa.

Juan José Arreola (1918-2001), según Jorge Luis Borges, "pudo haber nacido en cualquier lugar y cualquier siglo". Consta que nació en Zapotlán el Grande, ahora Ciudad Guzmán, Jalisco, y que murió en Guadalajara. Polifacético e incansable, Arreola fue un entrañable hombre de letras, lector voraz, de conversación interminable y lucidez constante. Fue sobre todo un maestro del cuento, y "El guardagujas" retrata en pocos párrafos la inmensa soledad, la añejada ilusión y la cercanía de lo fantástico.

Juan García Ponce (1932-2003) nació en Mérida, Yucatán, y murió en la ciudad de México. Cronista ejemplar, crítico de arte, dramaturgo y ensayista, García Ponce cultivó aforismos, novelas, ensayos, poesía y teatro en el abundante huerto de su imaginación. A pesar de una rara enfermedad que lo confinó a la inmovilidad, la obra de García Ponce no conoció límites. "La plaza" da cuenta de una suerte de ternura pública, no exenta de sana nostalgia en fugaces, quizá imperceptibles, sensaciones.

Sergio Pitol (1933-) vive en Xalapa, Veracruz, aunque consta que habita constantemente por lo menos dos universos: la Europa que recorrió como embajador de México y viajero apasionado, así como la ancha literatura universal que ha cultivado como distinguido escritor y apasionado lector. El otorgamiento en 2005 del Premio Cervantes de Literatura se suma a diversos galardones con los que se ha reconocido la elevada calidad literaria de la obra de Sergio Pitol, avalada por la cantidad de lectores que celebran con admiración sus muchos libros en donde el ensayo, la novela, la crónica y el cuento se entrelazan continuamente en una suerte de finísimo tejido. "La pantera" explora miedos que puede llegar a percibir un alma sensible, pero que pocos escritores se proponen plasmar sobre el papel.

José Emilio Pacheco (1939-) nació en la ciudad de México. Poeta laureado con los más importantes galardones, José Emilio Pacheco es también un generoso articulista y reseñista constante, ensayista pensador y minucioso, y novelista de dos breves joyas narrativas, Su maestría como cuentista se encuentra no a la sombra sino a la par de su estatura como poeta, si bien es evidente que su lenguaje poético impregna sus relatos. Como sucede con otras páginas memorables de su literatura, "Tarde de agosto" evoca la inocencia de los adultos que no reniegan del tiempo pasado ni de su magia.

Créditos

CRÉDITOS

Sol, piedra y sombras: veinte cuentistas mexicanos de la primera mitad del siglo XX, editado por Jorge F. Hernández, se terminó de imprimir en septiembre de 2008 en Impresora y Encuadernadora Progreso, S. A. de C. V. (IEPSA), Calz. San Lorenzo, 244; 09830 México, D. F. En su composición, elaborada en el Departamento de Integración Digital del FCE, se usaron tipos Centaur de 16 y 12:14 puntos. La edición consta de 2 000 ejemplares en rústica y 500 ejemplares empastados.